梶谷 剛・浅井 篤 編著

医の倫理、理工・AIの倫理
実践する科学の倫理

社会評論社

実践する科学の倫理

医の倫理、理工・ＡＩの倫理

目次

まえがき……梶谷 剛・浅井 篤・9

1 医療に関わる倫理的課題について ── 浅井 篤・11

1…背景：簡単な歴史と現代医療の様相……11
2…医療現場の具体的問題および事例……13
3…臨床倫理の総論事項と問題へのアプローチ法……16
4…結論……23
練習問題：事例に対する対応案……25
　1●表3の事例では、どのような治療方針が取られるべきだろうか／25
　2●表4～7の事例に関わる判断・選択／26
　3●表8の事例に関連して、我が国では保険診療と保険外診療の併用（二層医療）を認めるべきだろうか／27

2 出生前診断にまつわる倫理的問題 ── 圓増 文・31

1…はじめに……31
2…出生前診断が提起する倫理的問題……32
3…選択的中絶をめぐる倫理的問題の論点……36
　3-1● 女性（あるいはカップル）の自己決定／36
　3-2● 優生思想／40
　3-3● 障害をもって生きる人への影響／42
4…社会によって異なる技術提供の仕方……44
5…今後の課題……51
練習問題と解答例……52

3 公衆衛生の倫理 ── 大北全俊・59

1…身近で遠い「公衆衛生の倫理」……59
2…公衆衛生について……61
3…公衆衛生が抱える主な倫理的課題……62

4…公衆衛生の倫理の道具箱：倫理的な議論のための枠組み……68
 4-1 ●危害原理／ 68
 4-2 ●功利主義／ 70
 4-3 ●社会正義／ 70
 4-4 ●より公衆衛生倫理に合わせた議論の枠組み／ 71
5…公衆衛生の練習問題：健康管理は義務なのか？……73
6…健康とは何か……77

4 老人の尊厳と死について   庄子清典・83

1…工学系学生と老人の出会い……83
2…介護施設が抱える3つの課題……84
3…安全度と自由度……85
4…自由度と身体の健康管理……86
5…安全度と身体拘束……86
6…道具の進歩と社会的価値観の変化……89
7…延命の問題とその判断……91
8…尊厳と習慣……93
9…尊厳ケア（尊厳と習慣を守るケア）の事例……94
 〜自分の心に封印をかけたAさん（女性）
8…練習問題……97

5 科学法則の因果律と人間性   沢田康次・99
「あなたは人間ですか？ それともAIですか？」

1…序論……99
2…科学と工学の歴史……101
3…科学法則が与える因果律・決定論の限界……103
 3-1 ●近代科学の決定論と還元主義の誤り／ 103
 3-2 ●科学社会における現実問題／ 104
4…人間と科学の関係……104

5…わが国の科学の歴史的・地理的理由による特殊性……106
　　6…人間性とは何か？……107
　　7…科学の客観性と文化の客観性……109
　　8…第二のルネッサンス……112
　　9…結言……113
　　練習問題……113

6　研究倫理 ────────────── 梶谷 剛・117

　　1…海賊のはなしから……117
　　2…研究者の行為に関する倫理……119
　　3…2014年ガイドライン……122
　　4…研究の目的や手段に関する倫理……124
　　5…研究者の属する機関や関係学会の倫理……126
　　練習問題……133

7　人生の選択 ────────────── 野池達也・137

　　1…人生の選択……137
　　　1-1 ● 学生時代の体験／138
　　　1-2 ● 人生の選択に向き合うに至った動機／139
　　2…ライフワークの選択と恩師との出会い……141
　　　2-1 ● 所属学科の選択に際して／141
　　　2-2 ● ライフワークの選択／142
　　　2-3 ● 人々のために／143
　　　2-4 ● 恩師との出会い／144
　　3…いのちの尊厳について……145
　　　3-1 ● いのちの尊厳を考える会（略称いのちの会）／145
　　　3-2 ●「いのちの像」と日野原重明先生／146
　　4…人を生かすものは愛である……148
　　5…東日本大震災・原発事故とメタン発酵実験……149

5-1 ●霊山（りょうぜん）プロジェクト・バイオマスのメタン発酵実験／150
　　5-2 ●あんぽ柿のメタン発酵／152
　　5-3 ●資源作物デントコーンのメタン発酵／154
　　5-4 ●メタン発酵寺子屋教室の開設／155
6…福島第一原子力発電所事故現場を見学して……156
7…おわりに……158
練習問題……158

あとがき……浅井 篤・161

まえがき

編集委員：梶谷 剛・浅井 篤

　本書は 2006 年から開始した東北大学大学院工学研究科の授業「生命倫理」の際に様々な分野の碩学あるいは社会貢献者の皆様が大学院生に向けて講演したものが元になっています。工学研究科に「倫理」を標榜する授業を始めたきっかけは、発展する電子工学や情報工学が私たちの幸せに結び付いている実感が無いまま開発者である私たちの手を離れて社会に良い結果と悪い結果を招来しているのではないかとの懸念を持ったからです。悪い結果を与えているとするとその責任は開発者も部分的にせよ引き受ける必要があります。「生命倫理」授業はその責任の在り方を思索するきっかけを作ろうとの思いから始めました。

　「生命倫理」は文科省の大学院教育の高度化を目指した補助金「魅力有る大学院教育イニシアチブ」を得て開始したものでしたが、2007 年度から多くの講師をお招きして自由に「生命倫理」に纏わる問題や自由な意見を講演して戴き、学生との白熱した討論を行うスタイルにして以来毎年 200 名以上の受講生を数えるようになり、2017 年度もその規模は変わらない人気授業になっています。受講生も工学研究科から医学系研究科にも広がり、講師の一部にも医学系の教員をお迎えしています。

　この授業では講師の皆さんの自由な発想を大切にしており、幅広いお考えを展開して戴き、学生諸君に深い理性と知性を育んで戴いています。学生諸君には毎回講師の御意見に対する「反論」や「質問」などを含む簡単なレポートを書いて貰っています。

　本書はその自由な講義の一端を読者にお伝えし、「生命倫理」についての思索を深める契機にして戴くことを目指しています。本書を「実践する科学の倫理」とした理由は「生命倫理」の受講生が工学研究科から医学系研究科まで広がった

ことと関係しており、広く「実践者」になるべく勉強している大学院生諸君に参考にして貰いたいとの思いからです。

　本書は大学院の授業を越えて一般の方々にも「実践する科学」に纏わる問題提起を行うことも目的にしており、各章に「練習問題」のような節を設けており、読者の皆様の御思索の取り纏めにお使い戴けると思います。

　本書は思いがけない程の広く刺激的な内容になっています。私たちの「実践する科学」の質は如何に私たちが深い知性を磨くかによって変わってくるはずです。本書が皆様のお役に立つことを祈っています。

　本書の内容に「反論」や「発展」をお考えの方はいつでも私共にお伝え下さい。

　　　　　　　　　　　　　連絡先：kajitani@m.tohoku.ac.jp（梶谷剛）

平成30年5月

1 医療に関わる倫理的課題について

浅井 篤

1…背景：簡単な歴史と現代医療の様相

　インフォームド・コンセント、QOL（生命・生活の質, Quality of life）、プライバシー、心肺蘇生不要指示（Do Not Attempt Resuscitation, DNAR）、尊厳死、ケアなどの医療倫理上の重要概念が我が国の医療現場で広く普及してきたのは、この四半世紀です。今では当たり前になった医学系研究の倫理指針や規制も、ここ20年くらいで文字通りバタバタと策定され改訂されてきました。終末期（人生の最終段階）の医療を前もって皆でいろいろと話し合っておいて、いざというときに備えておきましょうという国の指針が打ち出されて、2018年現在ではまだ10年経ちません。このように我が国の医療現場における対応が難しい諸問題を倫理的観点から考えるという活動または営みの歴史は、とても短いものと言えるでしょう。ちなみに私が所属する東北大学大学院医学系研究科医療倫理学分野は平成26年4月から活動を開始しました。また医学部の医学系大学院に生命医療倫理学領域に特化した分野がはじめて誕生したのは2000年のことです。

　しかし今や医療現場には「事前指示」や「アドバンス・ケア・プランニング（Advance Care Planning, ACP）」等の概念や、緩和医療・ケア、倫理委員会や倫理コンサルテーションという活動が急速に広がりつつあるようです。ただ、残念ながら医療専門職や関連職が医療倫理の勉強に本腰を入れて勉強し始めた期間がかなり短いため、または一部の人々が根本的に「倫理オンチ」のため、さらには付け焼刃な知識と表面的な理解と強すぎる自信のために、言葉が誤用されたり概念が誤解されたり倫理が濫用されたりする機会が増えてきました。倫理的に必ずしも好ましいとは言えない考え方や姿勢で施設の倫理活動が主導されている気もし

ないではありません [1]。本稿では上記の状況を踏まえて、日本の医療現場に関わる倫理的課題とそれらに対する考え方を、関連事例を紹介しつつ見ていきたいと思います。

ところで、私たちがいわゆる倫理問題に遭遇することになる今の医療または近い将来の医療はどんな状況にあるのでしょうか。様々な捉え方や予想があると思いますが、私は直感的に現在を含んだ今後の日本の医療は次のような時代にあると思います（表1）。同時に様々な矛盾を抱えた、時に支離滅裂とも感じられる状況があると思います [2]。

表1　医療が行われている今の時代（順不同）

超高齢時代
高度医療技術時代
健康増進時代
医療費高騰時代
多民族・多文化時代
医療商業化時代
研究第一時代
人工知能（AI）導入時代
パーフェクト追求時代
医療現場超多忙時代
医療資源濫用時代（薬、救急車、救急医療等）
研究不正時代
欧米製「医療倫理」学習完了時代
医療万能・不死幻想蔓延時代

さて前置きはこれぐらいにして、これから臨床現場の倫理問題を中心した医療に関わる倫理的課題について述べていきましょう。まず具体的な問題や幾つかの事例を紹介します。主要な各論的な問題も一覧表で言及します。その上で、現場で発生する倫理問題に対応する手続きを提案します。最後に結論と共に練習問題のセクションで、前半で提示した事例に含まれる問題（倫理的問いかけ）に対する回答を提示したいと思います。

2…医療現場の具体的問題および事例

　医療現場の倫理課題を考える活動、特に日常的な診療上の倫理的ジレンマを検討する臨床倫理と呼ばれる領域の営みを実感を持って理解していただくために、どんな問題や事例があるか幾つか紹介してみましょう。まず表2に倫理的問題の具体例を列挙しました [3]。これらはこの30年間、主に一般内科の医師として診療にも従事している私の実体験や他の医療専門職から相談されたもの、倫理委員会で議論された事例や問題、そして見聞きした案件からなっています。

表2　倫理的問題の具体例 [3]

「何歳まで侵襲の大きな外科的手術をすべきなのか」
「患者が適応のない治療を望んだ場合はどうすればいいのか」
「患者の意向と家族の希望が異なる場合はどうしたらよいか」
「どんな状況なら、公益のために患者の秘密を漏示してもいいのか」
「身寄りのない認知症患者の治療方針は、誰がどうやって決めるか」
「どのような条件下なら患者に未実証治療を行ってもよいか」
「どんな状況なら同意能力のない患者を研究対象にしてもいいのか」
「既存資料を用いた研究での同意取得はどうあるべきなのか」
「ICUベッドはどのような患者に優先して提供されるべきか」
「どんな状況なら患者の意に反した医療を行ってもいいのか」
「家族が不可逆的昏睡状態に陥った終末期患者の生命維持の中止を要請した場合、どうしたらよいか」
「混合診療は解禁されるべきか」
「ゲノム解析研究における偶発的所見はどのような状況なら対象者に説明されるべきか」
「胎児の染色体異常を理由とした選択中絶は許されるのか」
「ヒト‐動物キメラの作成はどのような状況なら許されるのか」
「医療者は製薬会社からボールペンをもらってもいいのか」
「事前指示書は法的効力を持つべきか」

ではもう少し具体的に臨床倫理領域の事例（ケース）を幾つか紹介しましょう。治療辞退、守秘義務、偽薬使用、治療要求、「どこまで生命維持を行うのか」という延命措置例、そして医療費に関わる6つの事例です。当該領域で典型的な事例ですが、倫理ジレンマ解消が容易なケースは残念ながら一つもありません。これら事例はすべて架空のもので実在する個人に関わる情報は含まれていませんが、実際に医療現場で日常的に生じている倫理ジレンマを例証・代表していると思っていただいて間違いありません。各事例の末尾で提示されている問いのうち、2つ（表3, 8）については詳細に他の事例については簡単に、結論に続く練習問題セクションで判断や対応策を「回答」として提示しますので、読者の皆さんも、当該事例における最善の診療方針を考えてください。

表3　治療辞退事例 [4, 5]

　82歳男性A氏。元製薬会社社員。30年前から高血圧のため通院、20年前に胃癌の手術、10年前には急性心筋梗塞に罹患し集中治療を受けている。ある日、体調不良を主訴に来院。体重減少、リンパ節腫脹、発熱を認め、低栄養と脱水があり軽度衰弱状態だった。精査目的で入院した。A氏は入院後の諸検査にて悪性リンパ腫と診断された。医師はA氏とその家族に対して悪性リンパ腫及びその治療法について詳細に説明した。A氏は、本疾患の化学療法への反応は良く、生命予後改善や自発症状の改善が期待できる一方、虚血性心疾患既往のため、治療で腫瘍が崩壊し、心不全や腎不全に陥る危険があると説明された。治療しない場合は病状が悪化し生命予後もずっと悪くなると説明された。A氏は、「私はいい人生を送ってきた。もう十分生きたし、思い残すことは何もない。妻も他界しているし、複数の友人が化学療法を受けてひどい副作用に苦しみ、最後は機械だらけになって死んでいくのをみてきた。だから化学療法を受けず在宅で緩和ケアを受けたい」と明確に述べた。さて、どのような治療方針が取られるべきだろうか。

表4　守秘義務事例

> 10代後半の女性Bさん。下腹部痛と排尿時痛、頻尿を訴えて来院し尿道炎と診断され、抗生物質治療が開始された。第二回目の受診で、検査結果で淋菌およびクラミジアが起炎菌（性感染症）であることが明らかになった。Bさんに検査結果を説明したところ、本人は病状および原因となる行為をしっかり理解し、パートナーの治療の必要性も理解した。3回目の受診ではBさんと保護者が共に来院。Bさんは最初にひとりで診察室に入り、症状は完全に消失したと報告。また患者のパートナーも他院で治療を開始したとのことだった。しかし、親にはこの後、今回の一連のことを話してほしくないと希望した。さて主治医はどうしたらいいだろうか。

表5　偽薬使用事例

> ある医師は、長年プラシーボを「頭痛薬」として問題なく使用している高齢で軽度認知症患者さんを前医から引き継いだ。彼は自分の診療で一度も自発的にプラシーボを使ったことがなかったし、使用を考えたこともなかった。あるとき手持ちのプラシーボがなくなったから処方してほしいと、担当看護師から依頼された。彼は処方箋をかくことに躊躇を感じたが、しかしそれを当然のこととして継続している患者や周りの人々に反対してプラシーボ使用中止を主張するだけの確信がなかった。結局、前医の方針を継承し、プラシーボを処方した。彼の行為は適切だったのだろうか。

表6　治療要求事例

> 60代の男性Cさんが腹痛を主訴に来院した。すでに遠隔転移を起こした膵臓癌が発見された。軽度の腹痛と腰痛はあったが麻薬の使用で十分コントロールされた。この時点で、化学療法や放射線療法の延命効果はないと判断された。放射線療法は疼痛に対しては用いられることがあるが、モルヒネで十分な疼痛コントロールを実現できる。しかし、患者は膵臓癌を「根治」するために放射線治療を強く希望した。どのような治療方針が取られるべきだろうか。

表7 「どこまで生命維持を行うのか」事例

> Dさんは95歳男性患者。寝たきり状態で1日の多くを眠って過ごしている。高齢による廃用性障害があり食事を含め日常生活に全介助を要する状態である。意味のある発語はなく対話は全く成立しない。最近、経口摂取量が落ち込んできた。傾眠傾向で意識も不安定である。食事時間に眠っていて食べない日も増えてきた。嚥下困難も出現し頻繁にむせた。基礎疾患および回復可能な合併症はないにもかかわらず、全身状態は確実に悪化している。医療に関する事前の希望表明はない。その後、自分の口から十分な水分や栄養と取れなくなった。主治医はどうしたらよいだろうか。

表8　医療費支払いについての事例［6］

> 60代の女性Eさん。泌尿器系悪性腫瘍に罹患している。保険適用の「インターフェロン療法」と併せて適用外治療を受けたところ、我が国の「混合診療禁止」の原則に基づいて、すべての治療に100％の自己負担が求められた。現在、国によっては公的保険でカバーされた医療と自由（自費）診療の併用を認めている。今後、我が国では保険診療と保険外診療の併用（二層医療）を、先進医療Bと患者申し出療養制度以外にも、広く認めていくべきか。我が国の医療制度はどうあるべきだろうか。

3…臨床倫理の総論事項と問題へのアプローチ法

　健康、医療機関における診療行為、医学系研究、公衆衛生、または医療制度等に関わる倫理的判断には生命についての様々な側面からの検討が必要です。患者さんが自分の意向に従って診療方針を決める自己決定、種々の理由で自分の受ける診療の方針を決められない患者にかわって家族や関係者が代理で方針決定する代理判断、患者さんが自分の意思で生命維持処置を中止したり意図的に死期を早めたりする安楽死・尊厳死など、「生命について決める」ことについて考えます。患者さんや健康なボランティアの同意のもとに、彼等に対して様々な実験的介入

や検査を行いデータをとる医学系研究、亡くなった患者さんの臓器を重症の臓器不全患者さんに移し替える臓器移植、受精卵から万能細胞を作り出し組織や臓器を形成させる再生医療などでは、「生命を利用する」ことについて考える必要があるでしょう。出生前に胎児の疾患の有無や遺伝子や染色体の異常を検査する出生前検査や、複数の患者さんたちの間で誰かを優先して治療を提供する稀少医療資源の配分では、「生命を選別する」ことについて考えなければなりません。神経難病や乳癌や大腸がんの発がん性に関する遺伝子診断や根治治療が困難な悪性疾患に関する病名説明は、「生命（の終わり方や時期）を知る」ことについて考えるになるでしょう。そして救命治療や健康増進を含む公衆衛生、病気を起こすゲノムを削除したり好ましい遺伝子を挿入するゲノム編集等では、適切に「生命を改善する」ことについて考えます。

　特に臨床倫理については次のように説明することが可能かと思います。2011年の著作から抜粋します［7］。

> 　臨床倫理は、医療現場の患者ケアに関わる疑問、葛藤、ジレンマに対応し、よりよい決断を行うための実学である。臨床倫理は、生命科学と医療技術の発達が医療現場と患者ケアにもたらした倫理・法・社会問題等を学際的に検討する生命倫理の一分野であり、個々の患者診療に関わる倫理問題を同定、分析し、どのような選択が最善かを考察することを第一義の目的とする。関係者が担当患者や家族の受ける診療行為に懸念や疑問、倫理的ジレンマを感じたとき臨床倫理に関わる問題が生じ、人々は当該事例に即して考察を進め、妥当な結論が目指される。

　臨床倫理を含む生命医療倫理学を学ぶ目的は様々だと思いますが、少なくとも、医療・医学に関わる倫理に関する知識を得る、課題に気付くための感受性を高めること、適切な議論の仕方を身に付けることは間違いなく達成目標に含まれると思います。加えて自分が感じたことを冷静にじっくり考える、他の人々と共感的に謙虚に話し合える、「うちの病院ではずっと、こういう時はこうやってきたので、それでいいのだ」というような硬直的で慣習のみに基づく考え方に陥らないよう

にすることも大切な目標になるでしょう。そして、これらの結果として、医療専門職が診療現場において患者さんの最善の利益になる適切な判断ができるようになるのではないでしょうか。

では、患者さんや関係者の人々に最善の医療を提供するために大切にしなければならない価値にはどんなものがあるでしょう。人によって大切なことや諸価値間の優先順位が違うと思いますが、私は自由、個人の自己決定の尊重、個人の尊厳、他者に対する謙虚な態度と寛容さ、思いやりの心はとても大切だと信じてきました。一般的に医療に関わる倫理的問題に対処する上で重要な倫理原則を表9に列挙します。

表9　患者の最善を検討するための基本的倫理原則 [8]

・自律尊重原則 　——患者の意思を尊重する 　——患者のプライバシーを尊重する
・与益・無危害 　——患者の最善の利益になる診療を行う 　——利益と害の適切なバランスを取る 　——患者のQOLの維持・向上を目指す 　——患者とその家族の脆弱性に配慮し、共感的に接する
・正義・公正 　——すべての患者に公平に接する（本質的に重要な差異がない場合は、接し方や待遇の仕方に差をつけない） 　——医療の公共性と社会性を認識する
・より基礎的で包括的な基礎的原則とプロ意識 　——患者の尊厳、人権、そして人間性を守る。 　——医療プロフェッショナルとしての職業倫理を遵守し、多専門職種から構成された医療・ケアチームによるチーム医療に徹する。

また医療現場ではしばしば対立的に捉えられることがある患者個人の自己決定とその人の医療上の最善の利益の関係について、表10に図で示します。

表10 自己決定と患者の最善の利益の関係 [9]

```
自己決定に基づく選択   ⇒   最善の利益
                    ↑
              対話・議論・再考・熟慮
```

　もう一点、医療現場において価値あることは提供され実施されるべきですが、技術的に可能または成功率が高いからといって、医学的介入が闇雲に無条件に行われてはなりません。それを患者が望むか、それが自分にもたらす帰結を患者さんが個人的主観的に利益と認識するか否かが肝要になってきます。医学的効果と医療において患者さんが享受する利益は必ずしも同一ではないと考えるべきでしょう。一言でいえば、「できるからやる」というのはとても間違っているということで、普通に考えれば当然なことなのですが、医療現場で働いていると、常識的な感覚を失ってしまうこともあるので注意が必要でしょう。

　ここまでは医療に関わる倫理問題についての考え方を大まかに書きましたが、実際にどのようなステップで対応策を練っているかを示すために一例を表11に紹介します。この方法は患者さんを担当する診療チームが多職種カンファレンスで用いることもできますし、自分で沈思黙考するときにも利用できるでしょう。実際に体験した事例を反省するときにも使えるでしょう。表12には問いに対する回答の様式例を挙げました。つまり「この患者さんのケースではこうしたらよいでしょう」という提案法です。ただ人によって施設によって多種多様なアプローチ法と回答様式があります。

　倫理問題に対する考え方や姿勢は千差万別で様々なアプローチがあってしかるべきだと思いますが、私は表9から表12に挙げたような一定の枠組みや気にかけるべき価値や概念、流れがあった方が完全な手探りよりもベターだと考えています。なぜなら表13に挙げるように、我々は物事を冷静に一貫性を持って自分の立場や自己利益に左右されずに考えることがあまり得意ではないからです。だからこそ考えるにあたっての手掛かりや留意事項を持っていた方がよいのではない

表11　臨床倫理アプローチの一例 [8]

1	誰が診療方針・行為に関して、どのような問題を感じ訴えているかを明確にする。
2	医学的事実、患者の心理社会的状況および意思決定能力を明確にして整理する。
3	関係者の見解と意向、その理由を明確にする。
4	関係者間の対立・葛藤を倫理的観点から明確にし、同様の問題について今までに行われている様々な議論を理解する。
5	何が患者の最善の利益になるのかを検討する。
6	最終的な意思決定者を決定する。
7	関係者が共感的に話し合い、普遍的観点から診療行為の原則的方向性を設定する。
8	選択された行為の倫理的正当性を誰に対しても示せるようにする。
9	社会的状況も勘案した上で、選択された診療行為を実施する。
10	行われた行為の妥当性を反省し、問題の再発を予防するよう努める。

表12　倫理的推奨が含むべき内容例 [8]

ア）	具体的な提案
イ）	尊重すべき倫理原則（規範）および勘案する必要のある重要医療倫理概念
ウ）	提案の根拠（優先すべき原則とその理由、患者の最善の利益の明確な定義）
エ）	代替案の列挙と推奨案との比較考量の詳記
オ）	主たる提案の倫理的、心理的、社会的、法的問題点
カ）	回避可能な倫理的ジレンマに対する予防策

でしょうか。私は人間に絶望しているわけではありませんが、自分のことも含めて困ったところも多い存在だなあと思っているところです。

　いかがでしょう。私の人間観は暗すぎるでしょうか。それとも頷かれたでしょうか。いずれにせよ、倫理的に物事を判断するのはとても難しいことだと実感している今日この頃です。表13に我々の傾向性、表14として主要各論事項を列挙しておきます。

表13　我々の傾向性（性向）

１　我々はしばしば非合理的・感情的で矛盾に満ち、自己利益志向であり、限定的利他性しか持ち合わせていない。
２　連帯感が及ぶ範囲は広くないが、思いやり、共感性、惻隠の情も持っている。
３　我々の行動動機には、不安、恐怖、その他様々な陰性感情（嫉妬、憎悪、差別感情）、根拠の有無に関係ない希望や期待が含まれる。
４　我々の意向は不安定である。
５　自分のことは「棚に上げる」。
６　理性的で首尾一貫した自己利益に左右されない判断（つまり倫理的判断）を行うことは非常に難しい。
７　立場が変われば主張が変わりうる。

表14　医療倫理に係わる各論テーマ [3]

医療倫理総論
インフォームド・コンセント関連事項（治療拒否を含む）
意思決定能力を欠いた患者の医療とケア
人生の最終段階（終末期）の医療
プライバシーと守秘義務
医療資源配分と医療政策
生命の始まり（生殖補助医療含む）、子供・思春期医療
精神科医療（強制治療を含む）
外科系医療（侵襲の大きな介入と未実証手技導入を含む）
人を対象とした医学系研究と未実証医療
ゲノム医療・再生医療・人工知能導入
公衆衛生（感染症医療を含む）
倫理コンサルテーション・倫理委員会
医学教育における倫理問題
文化・宗教に関連する倫理問題
医療現場の倫理と法

本セクションの最後として、臨床倫理ではないものを確認しておきます（表15 [7]）。医療現場で起きる倫理的な課題や表3〜表8に挙げたジレンマを含んだケースに対応するにあたって、つまり臨床倫理活動に携わるにあたって、我々はともすれば倫理では別なことを優先し、何が患者さんにとって最善なのかという最も大切な問いを忘れてしまいがちです [1]。医療関係者に非がなくても患者さんに何か不利益なことがおきればマスコミから非難される昨今ですので、彼等（もちろん私も入りますが）が防衛的になるのも理解できますし、トラブルに巻き込まれないようにするのは大切なことでしょう。しかし、倫理カンファレンスや倫理委員会、倫理コンサルテーションでは、なにをおいてもまず真摯に倫理的観点から問題を検討することが大切ではないでしょうか。はじめから現実と現場だけに拘っていては倫理的判断はできませんし、倫理的に考える意味がありません。ですので「さあ多職種で倫理カンファレンスしよう」というときには表15を確認してください。

表15　倫理的な判断につながるもの [17]

1 「法律を根拠にした訴訟回避のための判断」ではない。 法が常に正しいとは限らないし、存在するとも限らない。 倫理は自己防衛のためのものではない（自己防衛は別途行うべきで、混同しないことが大切）。
2 「形式や手続きだけに固執した判断」ではない。 実質的である程度自由な判断が求められる。また手続き論だけでは結論がでない。倫理は価値判断であり情報収集だけでは結論はでない。
3 「既存の権威を無批判に受け入れた判断」ではない。 自分の頭で考え、その上で他の人たちと話し合うことが大切。お任せ主義は避け、思考停止を避ける。
4 「十全なコミュニケーションがあれば、常に自然に導びかれる判断」ではない。 相容れない価値観が存在することを認識し、いかにその対立を乗り越えるかを考える。

> 5「関係者の合意をもってその正当性を主張できる判断」ではない。
> 倫理的判断の正当性は倫理原則や重要概念が十分検討されていること、判断に普遍性や一貫性があること、他者に対する共感性が発揮されていることに、そして中庸を得ていること。

4…結論

　表1にも挙げたように、今現在そしてこれからの医療を取り巻く状況はますます複雑になり、より大きな矛盾に満ちていくでしょう。新たな薬物や医療機器といった新規医学的介入手法が毎日のように登場しますが、その新手法が適切に用いられるための文化的環境や心構えを我々の社会が持たない場合、それらの導入は日本の医療現場や医療制度に深刻な打撃を与えるでしょうし、大きな倫理的混乱を招くでしょう。

　文化は様々に定義できますが、ある特定のグループ（共同体、社会、国家等）で共有されている思想と信念、世界観と価値観、習慣と伝統、態度と社会的行動様式、人間関係と意思疎通様式等の総体とも言えるでしょう。そして私は今の医療現場の様々な判断の基礎にある我々の文化が変わらず今までのままでは、今後も倫理的ジレンマに適切に対応できないのではないかと危惧しています。つまり医療を受ける人々を幸せにすることはできません。

　たとえば、超高額な新薬物を今までと同じ様な態度で使用していれば日本の医療制度はパンクしますし、新規の生命維持装置を、これまた今までのように適用対象や中止条件を考えずに開始すると、誰も望まない延命が横行し多大な苦痛と費用負担をもたらすことになるでしょう。まさに無駄であり無益です。国民ひとりひとりが適切な医療資源の使用を真剣に考えないと、医療の濫用が深刻化するばかりではないでしょうか。そして患者本人よりもその家族の意向を重視して、不適切な動機や理由で診療方針を決めてしまうという、好ましくない慣行がいつまでも続くのではないでしょうか。私は、これらはすべて我々の文化の悪しき側面の反映だと思っていますが間違っているでしょうか。

もちろん日本文化には良い点、誇るべき点はありますが、個人の意向と尊厳を無視する全会一致（「和の精神」）尊重の文化、医学的介入のもたらす利益と害のバランスを考慮しない姿勢、そして都合のいい時に規準を変える多重規範(ダブル・スタンダード許容)文化は好ましくなく、日本人自身が自らを和人と称するという長い伝統があったとしても、抜本的な改革が必要ではないでしょうか。

　私は患者が誰であっても受け入れらえる方針、可能な限り強制や欺瞞を避ける方針、今までの生命医療倫理の歴史で「発見され存続している」倫理原則や理論、重要概念や人権等の倫理的知識を頭に入れて、患者およびその関係者にとっての最善となる方針、そしてバランス（中庸）のとれた、できるだけ多くの大切な価値を実現できる方針を選択しようとすることが大切だと信じています [8]。ここが日本だろうと他の見知らぬ国だろうと関係ありません。自分の性向と文化に過度に縛られない（完全に自由になるのは極めて困難でしょうが）、倫理的に適切な回答を生み出すことができればと、いつも思っています。

　それでは、下記において3つの事例のジレンマに対して少しでも倫理的に好ましい選択肢を提示してみたいと思います。みなさんも一緒に考えてください。最後に医療倫理領域において、患者にとって価値あること、彼または彼女の最善の利益になる選択をするための、医学または科学的な事実と患者にとっての最善についての関係をまとめて表16に図示します。予想される医学的効果がそれを受ける個人にとって価値があり最善の利益になるか否かを判定するためには表中の様々な要素を勘案しなければなりません。簡単なことではないですが非常に価値

表16　まとめ　医学的な事実と価値ある選択の関係

　　　医学的事実　　⇒　　患者個人にとって価値あること
　　　　　　　　　　　　　　　　（最善の利益）
　　　　　　　　↑
倫理的に考える（医学的効果が患者の最善の利益になるか否か）
諸倫理原則、重要概念、指針、意見交換、意思決定支援、適切な倫理問題へのアプローチ、関係者の使命感と有徳性発揮、普遍的で中庸を得た選択

あることだと思います。もし読者のみなさんが医療倫理的な意思決定に関わる場合には、本稿で知ったことを活用してより良い選択をしてください。

練習問題：事例に対する対応案

1●表3の事例では、どのような治療方針が取られるべきだろうか［4］。

表12の倫理的推奨（提案）の例を参考に回答してみましょう。

ア）取るべき治療方針は、「Aさんの希望する通りに、化学療法を行わずに、在宅緩和ケアを提供する」です。

イ）尊重すべき倫理原則、重要概念には、自律尊重、個人の価値判断の重視、インフォームド・コンセント取得の大切さがあります。他にも重要なことには、パターリズムからの自由、強制・威圧の原則的非倫理性、個人の生き方と幸福に対する考え方の尊重、無危害原則（他者に害を与えない限り、意思決定能力がある患者の治療拒否は尊重されなければならない）、個人の身体に関するプライバシー（放っておかれる権利）は守られなくてはならない等があると思います［4］。

ウ）提案の根拠は、Aさんには意思決定能力があり、治療を辞退する理由も了解可能でありもっともだからです。治療を受ける利益はもちろんありますが不利益もあり、その比較衡量は患者個人が最終的には行うべきではないでしょうか。もちろん患者の治療辞退を無条件に受けいれる必要はなく、医療専門職は自ら最善と思う選択肢を推奨し話し合いをしっかり行うべきでしょう。何が病を持った個人にとって本当に良いことかをいっしょに考え、共感性と謙虚さを持って、困難な事例に対応することが望まれます［4］。

エ）選択可能な代替案は表3にあるように、大まかには積極的に悪性疾患を治療するのか、または緩和医療を実施するかでしょう。無治療・無介入・無ケアはAさんに苦痛をもたらすため選択肢にはなりません。

オ）ア）での提案に大きな倫理・法・社会的問題は思い当たりません。

カ）特にありませんが、今後は将来の病状が大きく変化したとき、およびAさんが意思決定能力を失った場合にどのように対応するかを、アドバンス・ケア・プランニングを通して準備しておく必要があるでしょう。

2 ●表4～7の事例に関わる判断・選択

表4：プライバシーはとても大切で、Bさんは未成年ですが十分な意思決定能力および行為能力を持っています。医学的問題も解決していますし、彼女の両親に性感染症であることを話しても大きな不利益が生じるだけでしょう。思春期の青年とその親の関係が必ずしも良好とも限りません。したがってBさんの思考や態度が成熟していると判断できる場合は、親に性感染症のことを話す必要はないと思います。もちろん慎重な対応が求めれられるのは言うまでもありません。

表5：この医師（若い頃の私ですが）は間違ったことをしたと思います。文献［10］からの議論を援用して説明します。既に述べたように、患者さんには原則的に自分に行われる医学的介入について知る権利があり、また当該患者さんに意思決定能力がないとは言えません。本当の頭痛薬の多くには副作用がありますが、ずっと副作用が軽いアセトアミノフェンのような薬物もあります。倫理的に重要なことを列記すれば、欺瞞は許容されない、「己れの欲せざる所を人に施すことなかれ」（孔子）、プラシーボ効果なのか自然軽快かわからないので利益の存在がはっきりしない、代替案の追求の重要さ、欺瞞露見時に患者医師関係が大きく損なわれる可能性等があると思います。また安易に言われるままに薬を処方してはいけません。さらに、「あなたは騙されて幸せですか」、「あなたは騙されていたと知って感謝しますか」と問いたいと思います。私は騙されたくありません。

医学的な幸福（症状改善または消失）は、人生における幸せを必ずしも意味しないと考えます。騙されたまま幸せでいるのと、欺瞞はなく症状はあるが、「騙されるような人間にならず、そのように思われず、誇りを持って生きる」のどちらが、私たちにとって善いことでしょうか。加えて欺瞞を含まない治療者との関

係には価値があるのではないでしょうか。自分は騙されているかもしれないという疑念は、人間を幸せにするには極めて大きな障害になるでしょうし、騙されている状態に尊厳はないのではないでしょうか。つまりプラシーボ使用で、患者さんの人間としての尊厳は維持できません。相手に対して丁寧で敬意を持った対応とは言えません。

表6：医学的事実に基づいておらず、かつCさんに大きな不利益しかもたらさない放射線療法は提供されてはなりません。患者さんの自己決定尊重原則は、医学的適応がない処置の提供を正当化する根拠にはならないでしょう。

表7　典型的な終末期医療です。私はこの事例では患者さんのQOLと尊厳、そして本人に利益と実感できない介入の無益さを根拠に、Dさんに対する積極的な延命目的の介入は差し控えるべきだと考えます。あなたはDさんと同じ状態で胃瘻や鼻からチューブを入れて生命維持をしてもらいたいですか。私は嫌です。日本人はいったい何歳まで生きるつもりなのかと、近頃よく思うようになりました。

3 ● 表8の事例に関連して、我が国では保険診療と保険外診療の併用（二層医療）を認めるべきだろうか。

　この事例の問いはいわゆる臨床現場の個人の患者さんに関する問題ではありませんが、日々の現場の判断に密接に関わる事例だと思います。文献［11, 12］を参考に議論を展開してみましょう。この事例の問いに回答するためには、「正義（公正、公平）はどのように定義されるか」、「経済的に余裕がある国民は、より良い医療を受けてよいか」、「自由診療（自費医療）と公的医療（公的保険医療）の並存は許されるのか」、「医療提供に関わるいかなる格差も不平等も、決して正当化され得ないのか」等を検討する必要があります。
　我が国で保険診療と保険外診療の併用を原則的に併用する二層医療制度を取った場合、好ましくない事態が数多く発生すると主張されています（たくさんあり

ます。専門書をあたってください)。確かに本当に生命維持に関わる基本的医療まで100%自費になり、今以上に薬価が高騰し、危険で効果のない自由診療が横行し、金儲け主義の医師が患者を自由診療に誘導し、なし崩し的に国民皆保険が崩壊に追い込まれるなら、決して混合診療解禁は許容できないでしょう。私は国民皆保険が堅持された、平等と社会的連帯を存在する社会が好ましいと考えています。

　私は積極的な二層医療制度支持者（混合診療解禁論者）ではありません。しかし現行の二層医療制度禁止を続けることで失われるものもあります。まずは個人の医療に対する自由です。平等は大切ですが自由も重要ではないでしょうか。正当に稼いだお金を、自らの判断で他のことに使わずに医療に注ぎ込む自由は認められないのでしょうか。また保険診療分まで100%自己負担になるために、生命維持に必須な自由診療治療を諦めて死んでしまう人もいるかもしれません。

　充実した公的医療を確保し、国民全員が十分な医療を享受できる状況を確保した上で自由診療が並存できるなら、社会的連帯と自由が両立できる社会が実現し得るなら、最後に難しいかもしれませんが、二層医療制度が関係者の利益追求のために濫用されるのを予防可能なら、同制度導入は正当化されるのではないでしょうか。誰も現行制度下に比較して健康上の不利益を被らず、医療に関するより大きな自由が可能になるなら、二層医療制度導入が否定される理由が見つかりません。

　最後に文献［12］からの引用を紹介して回答を終えます。十分さ、平等、そして格差についての基本的な考え方は次に紹介するフランクハートの論文［13］に負っています。

　　　共同体の社会保障である平等な医療を守ることと、二層医療制度を支持することは必ずしも矛盾しない。医療の平等性は二層医療制度の基本層の存在で保障される。医療の平等性が大切なのは、経済的に恵まれない人々が必要に応じて十分な医療を受けられない状況を避けるためである。最も経済的に恵まれない人々を含めすべての国民が必要に応じて十分な医療を受けることができるならば、国民間で受けている医療の質や量が異なっていても倫理的

に許容できないとはいえない。大切なのは各人の健康状態であり健康を実現する十分な医療アクセスであり、他人との差異ではない。

参考文献

［1］浅井篤『医療倫理事例集2015』、全日本民主医療機関連合会医療部・医療倫理委員会、2016年3月、東京、p.2
［2］浅井篤・小西恵美子・大北全俊編『倫理的に考える医療の論点』、日本看護協会出版会、東京、2018、p.6-7
［3］浅井篤、宮城県医師会報、2018；865：110-114
［4］浅井篤・大北全俊 「臨床倫理ケースレポート第4回」medical forum CHUGAI 2017; 21（2）: 4-7
［5］Hiroko Ishimoto, Sakiko Masaki Atsushi Asai, Should an Incapacitated Patient's Refusal of Treatment Be Respected? Discussion of a Hypothetical Case *Eubios Journal of Asian and International Bioethics,* 2015; 25:112-9
［6］浅井篤・大北全俊 「臨床倫理ケースレポート第5回」medical forum CHUGAI 2017; 21（4）: 4-7
［7］浅井篤・高橋隆雄責任編集『シリーズ生命倫理学 第13巻 臨床倫理』、第一章「臨床倫理の基礎と実践」、丸善出版、東京、2012年、p. 1 -21
［8］浅井篤・圓増文・大北全俊「臨床倫理ケースレポート第一回」medical forum CHUGAI 2016; 20: 4-7
［9］浅井篤・瀬田剛史・板井孝壱郎・山崎康仕「本指針の基本的な考え方」、浅井篤・福原俊一編 「重症疾患の診療倫理指針ワーキンググループ」著『重症疾患の診療倫理指針』医療文化社、東京、2006年、p. 6 -11
［10］Atsushi Asai, Yasuhiro Kadooka. Reexamination of the ethics of placebo use in clinical practice. *Bioethics* 2013;27:186-193
［11］浅井篤・大北全俊 「臨床倫理ケースレポート第5回」medical forum CHUGAI 2017; 21（4）: 4-7.
［12］Atsushi Asai, Taketoshi Okita, Masashi Tanaka , Yasuhiro Kadooka."A critical discussion of arguments against the introduction of a two-tier healthcare system in Japan" *Asian Bioethics Review* 2017; 9: 171. (DOI 10.1007/s41649-017-0023-y)
［13］Frankfurt, Harry G. 2015. On inequality. New Jersey: Princeton University Press.

2 出生前診断にまつわる倫理的問題

圓増 文

1…はじめに

はじめに、現代の米国の哲学者マイケル・サンデルの文章を借りて、米国で実際に起きた次のようなケースを紹介したいと思います。

> 数年前の話であるが、子どもを持とう、それも、できれば耳の不自由な子どもを、と決心した〔同性の〕カップルがいた。このカップルはともに聾であり、またそのことを誇りとしていた。シャロン・デュシェノーとキャンディ・マッカローは、聾を誇りとする他の人々がそうであるように、聾は文化的アイデンティティであり治療すべき障害ではない、と考えていた。デュシェノーは次のように述べている。「聾であることは、ひとつの生活様式にすぎないわ。私たちは聾者であっても何の問題も感じていないし、聾文化の素晴らしい側面――帰属意識や繋がりの感覚――を子どもたちとも分かち合いたいと思っているの。私たちは心底から、聾者としての豊かな生活を送っていると感じているわ」。〔中略〕彼女たちは、聾の子どもを妊娠したいという望みをかなえるために、家族五世代にわたって聾である精子提供者を探し出した。その結果、彼女たちの計画は成功した。二人の息子ゴーヴィンは、生まれながらに聾であったのだ。[1]

この事例のように、特定の性質をもった子どもを選んで産もうとすることは、そう容易ではないにせよ、人工授精や体外受精、着床前診断、出生前診断など、いくつかの生殖補助技術を組み合わせて用いることで――この事例の場合おそ

らくは人工授精の技術を用いることで——実際、行うことが可能です。しかし、そのように技術を用いることは果たして許されるべきなのでしょうか。新しい科学技術を開発しようとするとき、あるいは技術開発に結びつく科学的知見を得ようと研究に向かうとき、おそらくほとんどの研究者や技術者が意図しているのは、そうした科学技術を利用することが何らかの意味で「利用者のためになる」——例えば命を救ったり、苦悩を取り除いたり、生活を豊かにしたりする——ということではないでしょうか。生殖補助技術も、もともとは不妊症に悩む人を助けるという意図のもとに開発されたものです。しかし、どんな技術もいったん世に出回ると、開発当初の専門家の意図を超えて用いられる可能性を常にもっています。またそのことによって、開発当初は思いもしなかった新たな苦悩や悲劇を利用する人々に引き起こしたり、あるいは利用する人の間に対立をもたらしたりすることがあります。さらに、ある人が技術を利用することが、意図せずとも別の人に苦痛や害をもたらすこともあります。新しい技術をどのように利用していくのがいいのか、またどのような利用を誰に認めるべきなのかという倫理の問題（価値の問題）は、技術的にどのようなことが可能であるかという事実の問題とは別個の問題として、そうした事実の問題と突合せつつ検討していく必要があります。そのため、科学技術に関する専門家である研究者は、事実の問題だけでなく、技術が引き起こす倫理の問題にも注意を向けていくことが求められているように思います。

　今回は、生命の始まりにまつわる技術のなかでも、特に出生前診断の技術に注目して、この技術が提起する倫理的な問題について考えていきたいと思います。

2…出生前診断が提起する倫理的問題

　出生前診断とは、胎児が出生する前に胎児の状態と母体の状態を把握するために行われる診断のことを指します [2, 3: p.33]。出生前診断に用いられる技術を表1に示します。

表1　出生前診断に用いられる検査（文献［4］より抜粋）

	超音波マーカー検査（NT など）	クアトロ検査	母体血中胎児染色体検査	絨毛検査	羊水検査
非確定的／確定検査	非確定的検査			確定検査	
実施時期	11-13 週	15-18 週	10-22 週	11-15 週	15 週以降
対象疾患	ダウン症候群 18/13 トリソミー	ダウン症候群 18 トリソミー 開放性二分脊椎	ダウン症候群 18/13 トリソミー	染色体疾患全般（感度 99.1％）	染色体疾患全般（感度 99.7％）
感度（ダウン症候群に対して）	80-85％	80-85％	99.1％	99.9％	99.9％
検査の安全性	非侵襲的	非侵襲的	非侵襲的 採血のみ	流産率約 1％ 腹部に穿刺	流産率約 0.3％ 腹部に穿刺

　出生前診断が行われる目的は、大きく三つに分けられます。1）胎児期に治療を行うこと、2）分娩方法を決めたり出生後のケアの準備を行うこと、3）妊娠を継続するか否かに関する情報をカップルに提供することです［5、pp.2-3］。医療の場で「診断」と言った場合、それは通常、診断を受ける人の治療を目的として行われるのであり、その点で1）の目的からの出生前診断は、患者の利益を目指して行われる一般的な医療のひとつと言っていいでしょう。ただし、例えば双胎間輸血症候群への治療など、今日の胎児治療の技術は目覚ましい進歩が見られるとはいえ、それでも胎児期に治療できる疾患や異常は、診断できる疾患や異常のうちごく一部に限られています［3: p.33］。また、2）の目的から行われる診断・検査の例としては、定期的な妊婦健康診査の一環として広く実施されている超音波検査が挙げられます。この検査は、胎児の状態および子宮内の状態を診ることによって、妊娠の経過が順調かどうかの確認や、例えば前期破水や切迫流産といったハイリスク妊娠の早期発見、分娩時期の予測、分娩様式の決定などのために用いられます［3: p38, 6］。妊婦健康診査は医療保険ではなく自由診療で実施されますが、そのうち数回分については公的な助成が行われており、今や日本で妊娠し、出産する女性のほとんどが妊娠期間中、数回にわたって、この目的での超音波検査を受けることになります。

　これに対し、しばしば「倫理的な問題がある」と言われ議論の対象となるのは、

3番目の目的で実施される診断です。例えば、非侵襲的出生前検査（Non-Invasive Prenatal Test：NIPT）は、2013年4月に臨床研究の形で日本において提供が開始されましたが、それに先立つ新聞記事では、この検査について次のように述べられています。「妊婦の腹部に針を刺して羊水を採取する従来の検査に比べ格段に安全で簡単にできる一方、異常が見つかれば人工妊娠中絶にもつながることから、新たな論議を呼びそうだ」[7]。実際、この臨床研究を実施する専門家（産婦人科、小児科、遺伝カウンセラー）のグループ、NIPTコンソーシアムの2014年の発表によると、この検査の一年間の受検者7,740例中、陽性は142例（1.8％）であり、そのうち110例が最終的には妊娠中断を選択したそうです[8]。この検査の受検者は年々増加しており、2018年3月には日本産科婦人科学会が臨床研究を終了し一般診療として実施するという方針を発表しました[9]。このことを踏まえると、3）の目的での検査の実施は今後さらに拡大することが予測されます。NIPTの他にも、2）で挙げた超音波検査も、この3）の目的から実施されることがあります。また、超音波検査の精度の向上によって、2）の目的から行われた検査を通じて意図せず胎児の異常の可能性が検出され問題となるケースも増えてきています。

　このように、出生前診断に「倫理的問題がある」と言われるのは、それが、中絶を前提として実施されることがあるからです。中絶一般をめぐる倫理的問題は、特に欧米社会では、比較的以前から議論され続けてきたテーマですが[10]、特に出生前診断を通じた中絶の場合には、さらなる問題が指摘されています。問題についての具体的な論点は、次の節で詳しく見ていくことにし、ここでは、中絶のなかでも特に出生前診断を通じた中絶に特徴的なこととして、二点を挙げておきたいと思います。

　一つ目の特徴は、出生前診断が前提とする中絶は、胎児の特性が「望まれていない」が故の中絶だという点です。望まない妊娠による中絶の場合、それは「どんな子であれ、その子を産むことは（何らかの意味で）望ましくない（よくない）」とする価値判断に基づく決定です。これに対し、出生前診断による中絶の場合、その妊娠の多くは「望まれた妊娠」です。しかしそれでも、中絶が選択されるのは、「胎児のもつ特定の特性が（何らかの意味で）望ましくない（よくない）」あるい

は「そのような特性をもつ子どもを産むことは（何らかの意味で）望ましくない（よくない）」という価値判断が前提にあるからです。このように、特性によって胎児を選んだ上での中絶であるという点で、一般に、出生前診断を通じた（あるいはそれが前提とする）中絶を「選択的中絶 selective abortion」と呼びます。問題となる胎児の特性は、疾患や障害だけに限りません。女性の社会的・経済的地位が男性に比べて極めて低い地域・社会では、性別を理由とした中絶が行われ、そのことが社会問題となることがあります。また、技術の発展と普及に伴って近い将来、目の色や髪の色、将来的な病気のなりやすさといった胎児の特性が理由となった中絶が社会問題となるという指摘もあります［11, 12］。

また二つ目の特徴は、この中絶は、科学技術の進歩によって可能になった中絶だということです。例えば、出生前診断で用いられる検査のひとつ、母体血清マーカー検査（クアトロ検査、トリプルマーカー検査）の開発のきっかけになったのは、AFP という胎児期に作られるたんぱく質と胎児の障害とについての関係を明らかにした研究だと言われています［13: pp.108-169］。1972 年英国の遺伝学者デイビット・ブロックが初めて神経管閉鎖不全（無脳症と二分脊椎列）と羊水中の AFP の量との関係を明らかにした当時、英国では、こうした障害をもって生まれた子供への治療中止の是非をめぐって論争が起きていました。すなわち、治療を尽くしたとしてもそう長くは生きられなかったり、予後がきわめて悪かったりする重篤な障害をもって子どもが生まれた場合、それでも子供に治療をすべきなのか、むしろ治療しないことの方が倫理的に正しいのかどうかという問題です。ブロックの研究は、そうした倫理的問題を解消するものだったと見ることができます。ただ、やがて研究が進み、ダウン症など、重篤ではあっても、治療によって比較的長く生きることも可能な疾患や障害を早期に発見する技術の開発へと結びついていき、それに伴い選択的中絶という、新生児の治療中止とはまた別種の倫理的な問題が提起されるようになったのです。また、羊水検査で用いられる羊水穿刺という技術は、もともとは、血液型不適合妊娠の治療のために用いられていたと言われています［14: pp.104-130］。

このように、選択的中絶が技術によって可能になったということは、言い換えると、この中絶に関する倫理的問題は結局「この技術を誰が誰にどのような形で

提供するのがよいのか」という問題に結びついているということでもあります。詳しくは後で見ていきますが、出生前診断の技術のいくつかを、スクリーニングの形ですべての妊婦に無料で提供するシステムを採用する社会もあれば、そうではなく、対象者を限定し、さらに個々の妊婦の要望があった場合にのみ、費用の一部あるいは全てを妊婦に負担してもらった上で、提供の機会を設けるというシステムを採用する社会もあります。選択的中絶にまつわる倫理的問題は、まさに技術が提起した問題なのです。

3…選択的中絶をめぐる倫理的問題の論点

　ここでは、とくに女性の自己決定、優生思想（優生学・優生政策）、障害ある人への影響という三つの論点に沿って、具体的に選択的中絶をめぐってどのような倫理的問題が提起されているのかを見ていくことにします。

3-1 ● 女性（あるいはカップル）の自己決定

　「女性（あるいはカップル）の自己決定」、あるいは「生殖の自律 reproductive autonomy」、「自由」、「権利」、「情報提供を受けた上での選択 informed choice」という考え方は一般に、妊娠している女性に出生前検査を提供する上での主要な正当化根拠とされています [15-18]。確かに、基本的な価値として広く受け入れられている「自由」や「人権」の観点に照らすなら、「いかに生きるのか」ということは、基本的に本人の自由に委ねられるべきであり、そして妊娠・出産・育児は女性の身体・生命・生活・人生に様々な形で大きな影響を及ぼすものであるのですから、妊娠している当の女性の意思や希望を無視して、あるいはそれに反して、別の誰かが、その妊娠の継続や中断を決めることには大きな倫理的な問題があると言えるでしょう。後述するように、実際過去には世界の様々な国において「優生政策」の形で、そのような妊娠した女性本人の意思に反した、あるいは無視した決定が行われていました。

欧米諸国（例えば英国、フランス、デンマーク、オランダ）では、ダウン症など幾つかの胎児の異常について、出生前診断受診の機会を妊娠した全ての女性が平等にもつことができるよう、一定の検査をスクリーニングの形で提供する公的な制度が設けられていますが、そうした制度の目的の一つは一般に「女性の自己決定」の観点から説明されています［13: pp.116-119, 17］。また、近年、出生前診断を実施する上で求められる標準的なケアとして、例えば「バランスのとれた（偏りのない）情報提供」や「検査前のカウンセリング」、「検査後のカウンセリング」、「非指示的なカウンセリング」といったことが挙げられていますが、それらはいずれも、女性やカップルが誤解や偏見に左右されることなく、自分の価値観に基づいて、自分の意思で、産むかどうかを決めるために不可欠なケアと位置づけられています［11, 17, 18］。

　ただし、女性（あるいはカップル）の自己決定にまつわって、様々な問題も指摘されています。ここでは、とくに二つの問題を中心に取り上げたいと思います。第一の問題は、出生前診断受診および選択的中絶についての個々の女性（あるいはカップル）の決定が本当の意味での自律、あるいは自由だと言えるかどうかという問題です。本来、自律とは、個々人が自分なりの生き方を実現するために尊重されるべきものであり、従って、それは「自分らしい選択」を表していなければなりません。しかし、出生前診断によって最終的に胎児の異常が明らかになった場合、女性（あるいはカップル）に残されている選択肢は、中絶するか否かという、極めて限定的なものです。果たして、そうした限定的な選択肢しかない状態での女性（あるいはカップル）の選択は、本当の意味での自律と呼べるのでしょうか［11］。

　このような問題はしばしば、社会的プレッシャーの問題と結び付けて議論されることがあります。妊娠すると、出産に至るまでのあいだに女性は、例えば風疹やHIVなど、実に様々な検査を受けることになります。その一つ一つの検査に注目して、「これは受けてもいい」とか「これは受けたくない」という意思を医療者の側に表明するのは、多くの女性（あるいはカップル）にとってそう簡単なことではないでしょう。もしも出生前診断のための検査が、このような他の検査と同じような形で実施されることになった場合、結果としてそのような提供のシ

ステムは、「検査を受けることが当然」とか「異常が見つかったら中絶するのが当然」といった社会的プレッシャーを生み出して、女性（あるいはカップル）にとって検査を拒むことが（少なくとも心理的には）困難になる可能性があります。そして、このようなプレッシャーは、翻って、あえて出生前診断を受けずに障害ある子を産んだ女性や、診断を受け胎児の障害を分かったうえで出産を選んだ女性（あるいはカップル）に対する「障害ある子供を育てるのは自己責任」という捉え方をもたらす可能性があります [11]。果たして、そのような形で導かれた女性（あるいはカップル）の決定は、本当の意味で、自律だと言えるのでしょうか。そうではなく、単に自律の名の下に、決定の責任を女性に押し付けているだけなのではないでしょうか。

　第二の問題は、かりに「検査を受ける」あるいは「障害ある胎児を中絶する」という個々の女性の決定が自律的なものだと言えたとして、そうであれば、それは無条件に認められるべきものなのか、あるいは一定の条件をつけるべきなのかという問題です。後述するように、選択的中絶を前提にした出生前診断には、優生思想や障害ある人への影響などの問題があります。このような問題はしばしば、検査を受けるかどうか、中絶を行うかどうかの決定を国家や医療者が担うのではなく、個々の女性やカップルに委ねることで、つまり個々の女性の情報に基づいた選択によってあたかも解消可能であるかのように主張されます [17, 19]。しかし、果たして適切なカウンセリングを受けた上での情報に基づいた決定であれば——中絶や受診の決定が安易なものではなく本人が悩みぬいた上でのものであれば——そうした決定は、それ自体として無条件に尊重されるべきなのでしょうか。そもそも、ここでいう「尊重する」とは何を意味するのでしょうか。確かに、ある女性が中絶するかどうかは、当の女性（あるいはカップル）本人の決定に委ねられるべきであり、それ以外の人間（例えば国家や医療者、それ以外の人間）が行うべきではないということは言えます。しかし、中絶のなかでも、とりわけ選択的中絶だけを取り上げて、そうした中絶に対する女性（あるいはカップル）本人の決定を社会が「促進すること to facilitate」は、「女性の決定を尊重すること」と同じなのでしょうか。

　また「女性（あるいはカップル）の決定に条件をつけるべきか」という問題は、

近年、提供する検査範囲の問題に関わって、改めて論じられています。先に見たように、欧米の多くの国では、女性の自己決定・選択という観点から、出生前診断のための特定の検査を提供する公的システムが設けられていますが、他方で、そうしたシステムの下で検査対象となる胎児の状態は、多くの場合、ダウン症など、医学的に「重篤」とされる一部の疾患や異常に限定されています。しかし、もし出生前診断の検査の提供の目的が「女性（あるいはカップル）の自己決定を尊重すること」にあるのだとしたら、それ以外の疾患や異常の検査も、ひいては非医学的な状態の検査も、同じく女性（あるいはカップル）に提供するべきではないのでしょうか [12, 19]。例えば、人によっては、胎児の性別や髪の色、目の色、また将来的な病気のなりやすさを理由として、妊娠を継続するかどうかを決めたいと望む人がいるかもしれません。現在のところ、性別を根拠とした中絶は多くの国で禁止されていますが、しかし、なぜ胎児のダウン症を理由とした中絶は許されて、性別を理由とした中絶は許されないのでしょうか [20]。また重篤な疾患や異常のみを検査対象にするということは、「重篤であれば中絶されても当然である」という、同じ疾患や障害をもって現に生きている人への差別的な判断を含んでいる可能性があります。さらに、何をもって「重篤」とするかは、人によって判断が異なる可能性があります。それを、医療者や国が一律に定めようとするのは、かえって上記のような差別的な見方を公的に認めるのと同じではないのでしょうか。こうした問題は、とりわけ先に述べた新しい検査技術、非侵襲的出生前検査（NIPT）の導入に伴って、近年、国際的に多くの研究者たちの関心を集めている点です [12, 15, 19, 21]。というのも、この検査は、妊婦の血液中に含まれる微量な胎児の遺伝子情報（cffDNA）を直接調べるものであり、技術的に見れば、近い将来、胎児の全ゲノムを調べる検査を女性（あるいはカップル）に提供することも十分可能だからです。日本では、NIPTの検査対象となる疾患は現在のところ13番トリソミー、18番トリソミー、ダウン症に限定されていますが、この検査の対象となる疾患や異常を拡大しようとする動きもあると言われています[22]。果たして、胎児のどこまでの状態を調べる検査を提供するべきなのでしょうか。

3-2 ● 優生思想

「優生思想」とは、人間の遺伝的な性質に注目し、人間の生命に優劣を設け、優れた性質をもつ生命・人を増やし、劣った性質をもつ生命・人を排除しようとする考え方のことを指します [23]。しばしば選択的中絶は、この優生思想にあたるという点で批判されることがあります。なぜ優生思想にあたることが批判になるのでしょうか。

それは優生思想に関わる過去の政策と関係しています。20世紀の前半、欧米諸国を中心に世界各地で、優生思想に基づく政策（優生政策）が行われていました。優生政策は、「優れた性質」をもつ人を増やそうとする「積極的・増進的な優生政策」と、「劣った性質」をもつ人を減らそうとする「消極的・抑制的な優生政策」とに分けられます。積極的・増進的な優生政策の例としては、ドイツのナチス政権下で行われた、健康なドイツ民族への婚姻や出産を奨励する制度、そうした人たちの避妊や中絶に対する取り締まりなどが挙げられます。また消極的・抑制的な優生政策の代表的な例としては、いわゆる「断種法」があります。断種法とは、医学的理由以外の目的で行う不妊手術（断種・中絶）が刑法の傷害罪に問われないようにするための法律です。1907年に米国インディアナ州で初めて制定されて以降、米国のそれ以外の州や、北欧諸国などで同様の法律が制定され、こうした法律に基づいて、例えば精神疾患の患者や、障害ある人、罪を犯した人、貧しい人など、当時それぞれの社会において「劣った（望ましくない）」と見なされた性質をもつ人が子どもをもつことができないよう、断種手術や中絶手術を受けさせられたのです。ドイツのナチス政権で成立した断種法も、もともと米国の断種法をモデルとしたものであったと言われています。日本でも、ナチスの優生政策をモデルとして戦時下の1940年に国民優生法が制定され、同法の下で、中絶の取り締まりが強化される一方で、精神疾患の患者や遺伝性の疾患をもつ患者への断種や中絶が行われました。また1948年に制定された優生保護法では、「母性の生命健康を保護すること」および「優生上の見地から不良な子孫の出生を防止すること」という法律の目的に照らして、中絶の規制が緩和される

一方で、断種・中絶手術の対象者の拡大や強制的な手術の実施といった形で、優生的な規定がさらに強化されました。この法律では、遺伝性疾患だけでなく、ハンセン氏病など、遺伝性以外の様々な疾患や障害のある人が、「不良な子孫を残す」存在と見なされ、本人と配偶者の同意があれば、医師によって不妊手術や中絶を実施してもよいとされていました。さらには、本人が同意していない場合の手術についても一定の条件下で認められていました。この法律の施行に関する厚生省ガイドライン（～ 1996）では、「審査を要件とする優生手術は、本人の意思に反してもこれを行うことができる」と明確に記されています[24-26]。なお、この法律は、1996 年に「母体保護法」に改正および改称され、「優生」に関する考え方が法律から削除されました。こうした法律の改正・改称の背景には、1994 年の国際人口・開発会議（通称カイロ会議）NGO フォーラムでの優生保護法への非難などが影響していると言われています[25]。

　こうした過去の優生政策のうち、特に消極的・抑制的なものについては、人権侵害あたるとして、これまで様々な形で批判や反省が為されてきました[27]。最近、旧優生保護法に基づく強制手術を受けた女性が初めて国を相手取り賠償請求訴訟を起こしたことに関連して、過去の強制的な不妊手術や中絶のさまざまな実態が明らかにされつつありますが、そうした動きは、十分なものであるかはともかくとして、そうした批判や反省の流れの一端とみることができるでしょう[28, 29]。

　選択的中絶を前提とした出生前診断の実施は、人の生命に「望ましい（よい）もの」と「そうでないもの」という区別を設け、個々人の生殖に（政府であれ個人であれ）人為的に介入するものだという点で、こうした過去の優生政策と共通しています。ただし他方で、違いもあります。第一に、過去の政策は、問題となる性質をもちつつも現に社会の中で生きている人に対する介入でしたが、選択的中絶を前提とした出生前診断の実施の場合の介入は、胎児の中絶という形をとっています。第二に、過去の優生政策における介入は、国家や政府によって強制的に行われましたが、選択的中絶を前提とした出生前診断の実施の場合は、そうした介入を行うかどうかは個人の自発的な自己決定に委ねられています[23]。こうした違いから、選択的中絶を前提とした出生前診断の実施は、過去の優生思

想とは区別して、「新優生学」、「リベラル優生学」と呼ばれることがあります［1, 23］。

「子どもが元気で生まれてほしい」という願望はおそらくはほとんどの妊婦がもっている願望だと言えるでしょう。しかし、そうした願望は「そうでないなら（つまり子どもに障害や病気があれば）産まない・中絶する」という決定に必ず結びつくのかどうか［3］。そして、そうした個人の願望や決定は、優生思想にあたるのかどうか。あるいは、優生思想にあたるのは、そうした個人の決定ではなく、それを当然視する、あるいは推進しようとする政策の方なのか。また、かりに個人の願望や決定、あるいは社会の政策のいずれかが優生思想にあたるとして、それは倫理的に誤ったことなのか、そうではないのか。こうした点をめぐって議論があります。

3-3 ● 障害をもって生きる人への影響

先にも見たように、選択的中絶は、望まない妊娠における中絶とは異なり、「胎児のもつ特定の性質が（何らかの意味で）望ましくない（よくない）」あるいは「そのような特性をもつ子どもを産むことは（何らかの意味で）望ましくない（よくない）」という価値判断を前提に行われます。そのため、しばしば選択的中絶やそれを前提とする出生前診断の実施は、同じ性質をもち社会に生きている人（つまり障害がある人）へ悪影響を及ぼすのではないかということが懸念されています。以下では、ア）因果的な結びつきによって生じうる影響とイ）論理的な結びつきによって生じうる影響とに分けて、見ていくことにします。

ア）出生前診断やそのスクリーニング化と障害ある人の生活との間の因果的な結びつきによる影響に関しては、次のような懸念があります。出生前診断のための検査がスクリーニングなどの形で提供され、多くの女性が受診するようになると、結果として、選択的中絶の件数が増加し、同じ障害をもつ人の数が社会の中で減少する可能性がある、そうなると、同じ障害をもって生きる人に対する周囲の人々への理解がなくなり、烙印付け（スティグマ）や偏見が強まるのではないか。このような懸念です。さらに、そうした障害をもつ人の数が減ると、社会資

源がそうした人たちに用いられなくなり、支援する体制が衰退するのではないかという懸念も出されています［11-13, 18］。しかし、これに対して、障害ある人の数が減れば、福祉に関わる社会的コストの削減につながるとする見解もあります。

確かに、検査が普及すると、検査対象となった障害と同じ障害をもって生きる人の数が減ることは起こりうる事態だと思われます。実際、ダウン症児の出生前診断のためのスクリーニング検査の制度を導入しているフランスでは、出生前に胎児がダウン症と診断された件数は増加しているのに対し、ダウン症の子どもの出生数は減少しているという報告があります［13: pp.42-44］。また、欧米のいくつかの国で導入されている出生前診断のスクリーニングの制度は、障害ある人の出生数の減少を（直接意図しているとは言えないにしても）少なくとも見込んでいると言えるかもしれません［13］。しかし、障害ある人の減少というそうした事態を倫理的にどのように評価するのか、例えば、それは同じ障害をもつ人々への偏見や差別、あるいは支援体制の衰退といった事態を引き起こす可能性が高いという点で、回避されるべき望ましくない事態と見るべきなのでしょうか。あるいは、差別や支援体制の衰退を防ぐことは十分可能であり、むしろ、社会コストの削減という点でメリットのある事態と見るべきなのでしょうか。こうした点については、検証に基づいて検討していく必要があります。ただ、検討を行っていく上で常に念頭においておく必要があるのは、出生前診断によって調べられる障害は、私たちの身に起こりうる障害のうちの一部に過ぎないということです［30: pp.127］。つまり、たとえ今はそうでなくとも、私たちは誰しもこれから障害をもったり、あるいは身近な人が障害をもったりする可能性をもっています。そうであれば、障害を回避しようとすることに全精力をささげるよりも、むしろ、たとえ障害をもったとしても、それでも自分らしく生きていけるよう、制度や環境（そして科学技術）を作っていくことが重要なのではないでしょうか。

イ）出生前診断の普及あるいはスクリーニング化と障害ある人の生活との論理的な結びつきによって生じる影響に関しては、次のような懸念があります。個々の出生前診断の実施や、そのための検査をスクリーニングの形で提供するという制度は、たとえ出生前診断の実施件数の増加や選択的中絶の増加、障害ある人の出生の減少といった結果をもたらさなかったとしても、すでにそれ自体で（論理

的必然性として)、同じ障害をもって現に生きている人々に差別的な見解やメッセージを含んでいるという懸念です [15, 19]。スクリーニングの形で検査を提供する制度の多くは、検査の対象となる胎児の状態を、ダウン症など「重篤」とされる一部の医学的状態に限っています [12]。日本でも、NIPT については、検査をスクリーニングという形では導入していないものの、現在のところ検査対象となる胎児の状態を一部の異常に限定しています [31]。他方で、性別に基づく中絶は、「性差別にあたる」として多くの国で禁止されています。ではなぜ、胎児の性別を理由とした中絶は差別と見なされるのに対し、障害を理由とした中絶はそうは見なされないのでしょうか。出生前診断の検査対象として認められる胎児の状態とそうでない状態についての区別は一体、何を根拠にしているのでしょうか。国や医療者など、受診者本人以外の人間がそうした区別を設ける前提には、「重篤な障害や疾患であれば中絶されても仕方がない」という見方があり、それは「障害者の権利 disability rights」の侵害にあたるのではないでしょうか。こうした問題は「表出主義 expressivist」と呼ばれる立場から提起されています [15]。もし実際に、出生前診断にまつわる制度やシステムがそのような見方を前提としているのだとしたら、その場合、たとえ選択的中絶の件数が増加しなかったとしても、また障害をもつ人の数が社会の中で減少しなかったとしても、やはりそうした制度やシステムが設けられること自体が障害ある人への差別だということができるでしょう。

4…社会によって異なる技術提供の仕方

　先に見たように、欧米諸国では、出生前診断を受ける機会を全ての妊婦が平等にもつことができるよう、スクリーニングの形で一定の検査を提供する公的な制度が設けられています [17, 13: pp.116-119]。例えば、英国の場合、ダウン症など一定の胎児異常について、出生前診断のための検査が国民保健サービス（National Health Service: NHS）を通じて全ての妊婦に無償で提供されています。また、フランスでも、ダウン症の有無を調べるコンバインドテスト（母体血清マーカーと

超音波検査)が、保険給付の形で全ての妊婦に提供されており、医師には検査に関する情報提供を全ての妊婦に行うことが省令により義務づけられています。さらに、米国の場合には、州によって制度が違いますが、例えばカリフォルニア州では、州法によって、一定の検査が全ての妊婦に対し、公費によって提供されています。また、米国産婦人科学会（ACOG）のガイドラインでは、年齢にかかわらず、すべての妊婦に染色体異常のスクリーニング検査を提供すべきであると述べられています [32]。

　これに対し、日本では、選択的中絶を前提とした出生前診断のための検査については、基本的にスクリーニングの形では提供されていません。また費用に関しても、そもそも妊娠に伴う検査一般は保険の適用外であり、さらに出生前診断のための検査については公的な助成はありません。多くの場合、妊娠・出産を扱う医療の場では、妊娠した女性の側から出生前診断について申し出ない限り、医療者側から検査の情報提供を行うことはありません。また、どこの医療機関でも出生前診断の検査を実施しているというわけではないので、検査を希望する女性は、自分が定期的に受診する医療機関から実施医療機関を紹介してもらうか、自ら実施機関を探す必要があります。出生前診断の検査が日本でこのように限定的な仕方で提供されているのには、1999年6月に旧厚生省が各機関に通達した「母体血清マーカー検査に関する見解」の影響が大きいと言われています。そこでは、この検査に伴う問題として三つの点が指摘された上で、専門的なカウンセリングの体制が十分でない現状において、医師が妊婦に対して、本検査の情報を積極的に知らせる必要はないこと、また、医師は本検査を勧めるべきではなく、企業等が本検査を勧める文書などを作成・配布することは望ましくないことという見解が出されています [33]。この見解は、当時、日本で急速に普及が広まった母体血清マーカーに関して出されたものですが、さらに他の出生前検査の提供についても影響を及ぼしていると言われています。例えばNIPTの導入に先立って2013年3月日本産科婦人科学会によって策定された「母体血を用いた新しい出生前遺伝学的検査に関する指針」では、この旧厚生省の見解について言及された上で、適切な遺伝カウンセリングの体制が整うまではNIPTを広く一般産婦人科臨床に導入すべきではないこと、また遺伝カウンセリングの体制が整ったとして

も本検査を行う対象は「客観的な理由」をもつ妊婦に限るべきであること、さらにスクリーニングとしてこの検査を行うのは厳に慎むべきであることが述べられています [34]。

検査技術の提供に関わるこうした制度の違いは、受検件数・受検率の割合に反映されています。スクリーニングで胎児の異常が疑われた妊婦に対し通常、確定診断のために羊水検査が実施されますが、その羊水検査について、全妊婦に対する受検率の国ごとの違いを調べた研究があります(表2)。それによると、スクリーニングのシステムを採用しているオーストラリアやデンマーク、英国のうちイングランドとウェールズなどでは、母体血清マーカー、羊水検査、絨毛検査のいずれかを受検している妊婦の数は全妊娠数のおよそ84％から98％を占めるのに対し、日本での割合は3％であるといいます。この研究は、日本にNIPTが導入される以前に実施されたものであり、導入以後、日本でも受検率の増加が推定されますが、しかしそれでも、日本での受検率がスクリーニングのシステムを採用している欧米諸国の割合にまで達することは考えにくいでしょう。

表2 出生前検査受検率の違い

国名	スクリーニングに関する政策	合計特殊出生率 (2000/2008)	うちスクリーニング検査を受検した人の割合
オーストラリア	W	1.76/1.97	98%（2007）
デンマーク	W	1.77/1.89	84.4%（2006）
イングランドおよびウェールズ	W	1.64/1.90（2007）	88%（2009）
フランス	W	1.88/2.00	―
ドイツ	W	1.38/1.38	―
イタリア	W	1.26/1.41	―
スイス	W	1.50/1.48	―
米国	W	2.06/2.12	―
オランダ	S	1.72/1.78	―
スペイン	S	1.23/1.46	―
日本	S	1.36/1.37	3%（2008）

W: 全国区での出生前スクリーニング実施
S: 国家レベルでの政策はないが、一部地域でスクリーニング実施
出典：文献［35］より（翻訳は筆者による）

出生前診断の検査の提供をめぐる日本と欧米諸国との間のこうした制度の違いの要因として、出生前診断の技術が導入された歴史的経緯の違い、および技術に対する論調の違いを指摘することができます。以下ではこの点を確認していきたいと思います。

　例えば羊水検査が欧米社会で（とくに米国で）出生前診断のために用いられるようになったのは 1960 年代後半ごろと言われていますが［14: pp.104-131, 36］、それは、欧米諸国において中絶の合法化を求める社会的な運動が盛んになっていった時期と重なります。例えば、欧米諸国の中で最も早い時期に中絶を認める法律を制定したのは英国ですが、それは 1967 年のことです。また、米国では 1973 年のロウ対ウェイド判決において、中絶を禁止するテキサス州の刑法が憲法上のプライバシー権の侵害にあたるという判決が連邦最高裁判所から出され、以後、多くの州で、胎児が母体外に生存可能になる以前の中絶が、女性の権利として法的に認められるようになりました。フランスでは、1975 年に妊娠 10 週以内の女性の請求による中絶が合法化されています。欧米社会においてこのように中絶合法化の動きが進んでいく一つのきっかけとなる出来事として、サリドマイド事件が指摘されています［37: pp. 119-122］。この事件は、サリドマイドという、当時、欧州で鎮静薬として妊婦に広まっていた薬による薬害事件です。サリドマイドの服用によって胎児に奇形が生じることが知られるようになり、この薬を服用した経験のある妊婦による中絶の訴えが社会の中で同情を集めました。例えば米国では、サリドマイドは欧州に比べあまり使用されていなかったのですが、妊娠中サリドマイドを服用し中絶を求める女性がメディアで取り上げられたことがあり、それをきっかけにケネディ大統領を巻き込んで、中絶の是非をめぐる議論が過熱したと言われています。

　さらに欧米社会の場合、出生前診断の普及に大きな影響を与えた要因として、「間違った出生 wrongful birth 訴訟」がしばしば挙げられています。間違った出生訴訟とは、子が重篤な先天性障害を持って出生した場合に、その親が、もし医療従事者が過失を犯さなければ、その子の出生は回避できたはずである、と主張して損害賠償を請求する訴訟のことです。類似の訴訟として、過失がなければ自身の出生が回避できたはずと主張し、子自身が提起する損害賠償訴訟（間違った命

訴訟 wrongful life suit) があります。米国では、1970年代後半以降、医療者が女性の妊娠中に出生前診断の説明をしなかったことがこの過失にあたるとして、障害ある子を産んだ女性やカップルがこうした訴訟を起こし、医師の過失が認められるケースが急増しました [38, 39]。同様の訴訟は、フランスなど、欧州でも起きており、こうした訴訟の広がりを通じて、「出生前診断を受けることは女性の権利である」という考え方が徐々に浸透していったと言われています [40]。

このように、欧米社会の場合、中絶そのものが法律で禁止されている社会状況の中で、選択的中絶を女性の権利として認めるよう求める動きが生じ、それが中絶一般の合法化を求める動きに結びついていきました。これに対し、日本では1948年に優生保護法が制定されており、「優生上の見地から不良な子孫の出生を防止する」目的での中絶がすでに法律上容認されていました。出生前診断の技術が導入されたのはその後のことです。例えば、羊水検査が出生前診断の技術として日本で用いられるようになったのは、1960年代終わりですが、それが広く普及するようになったのは1970年代初頭であり、それは優生思想に基づく政策を通じてだと言われています [41: pp.68-83, 42]。1960年代半ばから、全国の各自治体ではいわゆる「不幸な子どもの生まれない運動」が実施されました。この運動は、先天性代謝異常疾患対策や妊婦指導などを通じた障害児発生予防対策に力を入れた母子保健施策であり、福祉コスト削減のための障害発生予防を目的とした国をあげた政策の一部です。そうした施策の一環として、70年代初めに兵庫県や静岡県、和歌山県、神奈川県などの自治体で、公費負担によって羊水検査を提供する制度が設けられたのです。例えば兵庫県衛生部が1972年に編纂した「不幸な子どもの生まれない施策　通ちょう集　第1輯改訂版」には、次のような文章が載せられています [13: pp. 172-219]。

　　しあわせを求めて
　　　兵庫県知事　金井元彦

　　ひとりで　食べることも
　　歩くこともできない

しあわせうすい子どもが
　さみしく　毎日を送っています

「不幸な子どもだけは生まれないでほしい」
母親の素ぼくな祈り
それはしあわせを求める
みんなの願いでもあるのです

あすの明るい暮らしを創造するために
「不幸な子どもの生まれない施策」を
みんなで真剣に
進めてまいりましょう

　つまり、羊水検査の検査対象となったダウン症などの障害をもった子どもは、こうした施策の下で「生まれてくることは不幸である」と捉えられていたということになります。そして、羊水検査を導入するという政策の目的は、そうした障害をもった子どもが生まれないようにすることに置かれていたのです。こうした施策はのちに、「出生前診断は障害者への差別である」とする脳性まひの人たちの団体「青い芝の会」による抗議運動などを通じて、激しい批判に曝され、1974年には廃止されました。しかしそれでも、こうした政策をきっかけとして、羊水検査は、1970年代後半以降、臨床の場に導入され、その実施件数は徐々に増加していきました。

　このように、一方で欧米の場合、技術が社会に導入され、普及していった経緯において、中絶をめぐる自己決定、あるいは生殖の自律という考え方の強い影響を見て取ることができます。他方で、日本の場合には、優生思想の考えが大きく影響しています。生殖についての女性の自由や権利を求める運動は、日本では、選択的中絶の容認や出生前診断の実施を求める主張に結びつくというよりは、むしろ出生前診断の国策による導入を批判する障害者の権利運動と主張を共有する形で、展開されていきました。

技術の導入と普及をめぐるこうした歴史的経緯の違いは、出生前診断をめぐる現在の論調の違いにも反映されています。先に述べたように、欧米においてスクリーニング制度を設ける根拠として、通常、引き合いに出されるのは、「自律」という観点、さらに「正義」という観点です。例えば、英国では、NHSを通じてダウン症などいくつかの胎児異常に対する出生前診断のためのスクリーニング検査を提供していますが、そのプログラムの一つでイングランド地域を対象としたプログラム（Fetal anomaly screening program: FASP）では、目的として、「イングランド全域を通じて統一的かつ質の確保されたスクリーニングに平等にアクセスできるよう保障すること」および「女性が、スクリーニングに対する自分の選択肢および妊娠に関する選択に関して、情報に基づいた選択を行うことができるよう、彼女らが質の高い情報を提供されることを保障すること」の二つが挙げられています [43]。すなわち、胎児の障害を理由とした場合を含め、中絶するかどうかの決定は権利として、妊娠している当の女性自身に認められるべきであり、さらに、そうした権利を実質的に保障するために出生前診断の機会を全ての妊婦に平等に保障するべきであるという考え方を見て取ることができます。既に見たように、優生学や障害ある人への影響といった、選択的中絶に伴う他の様々な問題は、出生前診断および中絶の決定を女性の自己決定に委ねる限りで解消可能なものとして捉えられる傾向が強く見られます。例えば、遺伝医療に関するWHOの報告書では、優生学を「生殖に関わる目的を促進しようという意図の下で行われる、個々人の権利や自由、選択に逆らった強制的な政策 A coercive policy intended to further a reproductive goal, against the rights, freedoms, and choices of the individual」と定義したうえで、「上記の定義に基づくなら、個々人あるいは家族が知識に基づき、かつ明確な目的に基づいて選択するならば、健康な子どもをもつという選択は優生学ではない Under the above definition, knowledge-based, goal-oriented individual or family choices to have a healthy baby do not constitute eugenics」と述べられています [18]。これに対し、日本では、優生思想や障害ある人への影響にまつわる問題は、決して自己決定に委ねることで解消可能とは考えられていません。「胎児に異常があれば中絶する」という女性個人あるいはカップルの決定それ自体は必ずしも障害者に対する差別的な見方に基づいているとは言えないにしても、そうした決

定を社会が容認する、あるいは当然のものとすることは、やはり差別的であるし、少なくとも障害者を傷つけうるという指摘が出されています［3］。また、そもそも選択的中絶の決定あるいは中絶一般の決定を「女性の権利」と捉えることには懐疑的な議論も多く見られます［41, 44］。

しかし、近年、高齢出産の割合の増大を背景として、日本でも出生前診断を求める妊婦のニーズは徐々に高まってきています。そうしたニーズの高まりにどう応えるのか、つまりニーズに応じて提供の条件を緩めたり、提供医療機関を拡大したりしていくべきなのか否かということは、今後私たちが取り組むべき倫理的課題の一つです。

5…今後の課題

出生前診断の技術の提供に関する日本の現状を欧米諸国と比べるなら、ともすると欧米社会に対し「日本は遅れている」と映るかもしれません。しかし、技術導入の歴史的経緯の違いやそれに伴う論調の違いを踏まえるなら、必ずしも「遅れている」とは言い切れないでしょう。本章の冒頭でも述べたように、どんな技術も、いったん世に出回ると、開発当初の専門家の意図を超えて用いられる可能性をもっています。本章で見てきたように、出生前診断の場合には、開発当初は妊婦の治療という目的で用いられていた技術や、生まれてすぐに亡くなる重篤な新生児をめぐる当事者の苦悩に対応するという目的で開発された技術が、すぐに亡くなるわけではない障害をもった胎児の中絶という目的に（障害ある子どもを減らすという目的に）用いられ、大きな議論を引き起こしたという過去があります。出生前診断のための技術はこれからも発展していくと予測されますが、技術を発展させていくことと併せて、そうした技術を私たちの社会の中でどのように提供していくのかという倫理の問題（価値の問題）を考えていくことが必要です。

そしてこうした価値の問題を考えるにあたっては、まずは、障害に関して、そして人や胎児の命の価値に関して、個人の自由に関して、社会（政府）の役割について、自分（自分たち）はどのような考え方・価値観をもっているのかを改め

て自覚することが、そして、そうした自分（自分たち）の考え方・価値観を別の考え方・価値観と突き合わせて、一貫性・普遍性のあるものかどうかを吟味し、修正していくことが、さらには、自分たちとは異なる考え方の人たちと最低限共有可能なルールを構築していく作業が必要となります。こうした作業は、決して容易ではなく、多くの労力や時間を必要とします。そのため、ときに「倫理的な問題は答えがない」と思うことがあるかもしれません。確かに倫理的な問題は、自然科学の分野で扱われる問題とは答えの出し方が大きく異なります。例えば「どのようにしたら核反応を通じて大量のエネルギーを安全に利用することが可能になるのか」とか「いかなるメカニズムで温暖化が生じているのか」といった自然科学の分野で扱われる問題は、基本的に事実についての問題であり、それらは、観察や調査といった「事実をよく調べる」という方法によって解決が図られていきます。これに対し、倫理的な問題の解決は、見つけ出すというよりは、構築していくもの、と言った方がいいのかもしれません。そうした問題は、ただ待っていても自動的に出てくるものではなく、「何とかして答えを出していこう」という私たちの主体的な姿勢が不可欠なのです。

練習問題と解答例

1. 「出生前診断のための検査がスクリーニングの形で提供されていないとは、日本は自由や平等の観点で遅れているのではないか」と言われた場合に、あなたはどのようにこたえますか。

　　本章で紹介した話を踏まえるなら、「進んでいる、遅れているという問題ではない」と言えるでしょう。確かに、「出生前検査について知ること」や「胎児の異常を理由として中絶を行うこと」をすべての女性に平等に保障すべき自由の一つととらえて疑わない立場の人からすると、妊婦側からの申し出がない限り、出生前検査について積極的な情報提供が行われないという、日本の現状は「遅れている」と映るのかもしれません。しかし、そのような立場

ははたして正しいのかどうか、いったんは疑ってみる必要があるでしょう。選択的中絶を行うかどうかの判断は、確かにそれを行う本人にかかわる事ではありますが、しかしそれだけでなく同時に、障害ある人の存在そのもの、そしてその生活にも深くかかわりうる問題です。そのため、そうした行為を女性の自由として社会的に認めるべきかどうかについては、慎重に考えなくてはなりません。実際、日本では、出生前検査の一つ母体血清マーカーが導入され始めた時期に、そうした検査についての情報提供を医療従事者はすべての妊婦に行うべきであるのか否かについて議論が重ねられ、それが1999年厚生省の「母体血清マーカー検査に関する見解」に反映されたといわれています。

 また、出生前検査への情報提供が広く定着している欧米社会でも、優生思想への抵抗や障害者の権利という観点から、出生前診断の普及を批判する意見もあります。さらに、医療者が情報提供をすること自体が女性にいたずらな不安をあおったり、検査を受けるようプレッシャーを与えてしまったりする可能性があるという点で、女性の自律的な自己決定という意味での自由をかえって妨げるという意見もあります。

2.「あなたは出生前診断の実施について賛成ですか、反対ですか」と問われた場合、あなたはどのようにこたえますか。

 まず求められるのは、即座に問いに答えることではなく、問いそのものの意味を吟味し、明確にすることでしょう。なぜなら、問題が何を意味するのかに応じて、それに答える際にふまえるべきプロセスは異なってくるからです。

 例えば「出生前診断を実施するかどうか」が、「あなたが妊娠した場合に診断を受けるかどうか」についてであれば、それは、あなた自身の価値観、パートナーの価値観、その時のあなたの経済的状況、家族の状況など、あなたを取り巻く様々な状況などに照らして、あなた自身が自分なりの「答え」を導いていかなくてはならないでしょう。選択的中絶は、確かに本人だけにかか

わる事ではありませんが、しかし同時に、本人の人生・生活に深くかかわる事であることは間違いないからです。そしてこうした問題は、極めてプライベートな問題でもあるため、誰かに問われたからといって、即座に相手に回答する必要があるのかどうかということすら、疑わしいように思われます。

　しかし「出生前診断を実施するかどうか」が、例えば「出生前診断が社会のなかで広く実施されるよう、社会全体でスクリーニング・プログラムを設けるべきかどうか」や「胎児を異常とした中絶を認める法律をつくるべきか」といった意味であるなら、答え方は大きく異なってきます。その場合、問題は単なる私的な事柄をこえて、公的な社会のあり方にかかわるものとなります。そのため、その答えは、ある程度公共の価値判断に照らして導かれなくてはなりません。例えばそのようなプログラムや法律の前提には障害ある人を社会の負担ととらえる思想がないのかどうか、プログラムの実施によって実際に社会のなかで障害ある人への差別や排除が起きないかどうか、選択的中絶をすべての女性に保障すべき自由とみてよいのかどうか、そもそも社会や医療者の役割とは何か、こういった論点について検討し、論拠を示したうえで、答えを導いていく必要があるでしょう。

3. 出生前診断の検査対象となる状態は、胎児のどのような状態に限定されるべき（広げられるべき）だと思いますか。あるいはそもそも、検査対象への一律の制限を設けるべきではなく、全て個々の妊婦に判断をゆだねるべきだと思いますか。例えば成人期に発症する疾患や、他因子疾患のなりやすさなどの医学的状態、また例えば性別、遺伝上の父親の情報、目の色・髪の色といった胎児の非医学的状態についての検査も、妊婦に提供するべきだと思いますか。

　この問題をめぐっては様々な見解があり、答えるのは極めて難しい問題です。現在のところ多くの社会で、出生前診断の検査対象となる状態は、医学的に重篤な障害に限定されています。しかし、例えば胎児の性別を理由とした中絶は「性差別」だとして批判されることがありますが、では同じように

考えるなら、障害を理由とした中絶は「障害者差別」ではないのか、という指摘があります。また、何をもって「重篤」と見なすかは人によって判断が異なりうるという指摘もあります。例えば、医療者からすると「重篤」とは思われなくとも、妊婦が自分と同じ障害をどうしても子ども伝えたくないとして、同じ障害をもつ胎児の中絶を希望するケースもあります。これに対して、出生前診断は医療の一環として提供されるべきであり、医療以外の方法（例えば社会環境の整備、教育の普及など）によって解消したり緩和したりすることが可能な個人の困難に対する解決策として、出生前診断の技術を提供するべきではないという主張が考えられます。しかし、果たして選択的中絶は、「患者」を「治す」ためのものだと言えるのでしょうか。そもそも医療の社会的な役割とは何なのでしょうか。上記の問題に答える上では、こうした問題も併せて検討する必要があるでしょう。

参考文献

[1] マイケル・J・サンデル（林芳紀・伊吹友秀訳）『完全な人間を目指さなくてもよい理由』、ナカニシヤ出版、京都、2010 年、pp.3-4
[2] 厚生科学審議会先端医療技術評価部会出生前診断に関する専門委員会「母体血清マーカー検査に関する見解（報告）」、1999 年 7 月
　　http://www1.mhlw.go.jp/houdou/1107/h0721-1_18.html（最終アクセス日：2018 年 2 月 26 日）
[3] 山中美智子・玉井真理子・坂井律子編著『出生前診断　受ける受けない誰が決めるの？』、生活書院、東京、2017 年
[4] NIPT コンソーシアム、http://www.nipt.jp/botai_04.html（最終アクセス日：2018 年 2 月 26 日）
[5] 佐藤孝道『出生前診断』、有斐閣、東京、1999 年
[6] 竹下俊行「5. 妊婦健診（D. 産科疾患の診断・治療・管理、研修コーナー）」、日本産科婦人科学会雑誌、59 巻 11 号、pp. N-656-N-662.
　　http://www.jsog.or.jp/PDF/59/5911-656.pdf（最終アクセス日：2018 年 2 月 26 日）
[7] 「妊婦血液でダウン症診断　国内 5 施設　精度 99％、来月にも」、読売新聞、2012 年 8 月 29 日
[8] 関沢明彦・左合治彦「無侵襲的出生前遺伝学的検査の現状と今後」、日本周産期・新生児医学会雑誌、第 50 巻第 4 号、2014 年、pp.1202-1207

[9] 「日産婦：新型出生前診断、一般診療に 実施施設増の見通し」、毎日新聞、2018年3月3日

[10] 江口聡編・監訳『妊娠中絶の生命倫理』勁草書房、東京、2011年

[11] Gekas, J., S. Langlois, V. Ravitsky, F. Audibert, D. G. van den Berg, H. Haidar, F. Rousseau, "Non-invasive prenatal testing for fetal chromosome abnormalities: review of clinical and ethical issues," *The Application of Clinical Genetics*, 2016, vol.9, pp.15-26

[12] Stapleton, G., "Qualifying choice: ethical reflection on the scope of prenatal screening," *Medicine, Health Care and Philosophy*, 2017, vol.20, no.2 pp.195-205

[13] 坂井律子『いのちを選ぶ社会 出生前診断のいま』、NHK出版、東京、2013年

[14] 河合蘭『出生前診断 出産ジャーナリストが見つめた現状と未来』、朝日新聞出版、東京、2015年

[15] Parens, E. and A. Asch, "The Disability rights critique of prenatal genetic testing: Reflections and recommendations," *Hastings Center Report*, 1999, special supplement, s1-s24

[16] Mozersky, J., V. Ravitsky, R. Rapp, M. Michie, S. Chandrasekharan, M. Allyse, "Toward an ethically sensitive implementation of noninvasive prenatal screening in the global context," *Hastings Center Report*, 2017, vol.47, no.2, pp.41-49

[17] Dondorp,W., J. van Lith, "Dynamics of prenatal screening: New developments challenging the ethical framework," *Bioethics*, 2015, vol. 29,no.1, pp.ii-iv

[18] Wertz,J.C. and F.K. Berg, *Review of ethical issues in medical genetics: Report of consultants to WHO*, 2003, World Health Organization Human Genetics Programme
http://www.who.int/genomics/publications/en/ethical_issuesin_medgenetics%20report.pdf
（最終アクセス日：2018年2月26日）

[19] de Jong, A., and G.M.W.R. De Wert, "Prenatal screening: An ethicalagenda for the near future," *Bioethics*, 2015, vol.29, no.1, pp.46-55

[20] 児玉聡「新型出生前診断の倫理的ジレンマと来たるべき社会」、ヤフージャパンニュース、2016年7月24日
https://news.yahoo.co.jp/byline/satoshikodama/20160724-00060225/（最終アクセス日：2018年2月26日）

[21] Svenaeus, F., "Phenomenology of pregnancy and the ethics of abortion," *Medicine, Health Care and Philosophy*, 2018,vol.21, no.1, pp.77-87

[22] 「新型出生前診断 「命の選別」定着懸念 無認可検査を警戒」、毎日新聞、2018年1月28日

[23] 吉田修馬「優生思想」、小泉博明・井上兼生・今村博幸・吉田修馬編著『テーマで読み解く生命倫理』教育出版、東京、2016年、pp.32-35

[24] 米本昌平・松原洋子・橳島次郎・市野川容孝『優生学と人間社会』講談社、東京、2000年

[25] 松原洋子「母体保護法の歴史的背景」、齋藤有紀子編著『母体保護法とわたしたち』、明石書店、東京、2002 年、pp.35-48

[26] 市野川容孝「強制不妊手術の過去と現在」、齋藤有紀子編著『母体保護法とわたしたち』、明石書店、東京、2002 年、pp.61-75

[27] 松原洋子「優生学」、シリーズ生命倫理学編集委員会編『シリーズ生命倫理学 11 遺伝子と医療』丸善出版、丸善出版、東京、2013 年、pp.124-142

[28]「旧優生保護法、強制不妊手術 9 歳にも　宮城、未成年半数超」、毎日新聞、2018 年 1 月 30 日

[29]「優生手術、元勤務医、強制不妊の実態証言　結婚理由に」、毎日新聞、2018 年 1 月 27 日

[30] 月野隆一「重症心身障害児者施設から」、山中美智子・玉井真理子・坂井律子編著『出生前診断　受ける受けない誰が決めるの？』、生活書院、2017 年、pp.151-188

[31] NIPT コンソーシアム HP「臨床研究について、臨床研究の対象は？」
http://www.nipt.jp/rinsyo_02_1.html（最終アクセス日：2018 年 2 月 26 日）

[32] ACOG(American College of Obstetrics and Gynecology) Committee on Practice Bulletins, ACOG practice bulletin no. 77: Screening for fetal chromosomal abnormalities, *Obstetrics and Gynecology*. 2007,Jan,vol.109,no.1, pp.217-227

[33] 厚生科学審議会先端医療技術評価部会・出生前診断に関する専門委員会「母体血清マーカー検査に関する見解」、1999 年 6 月
https://www.mhlw.go.jp/www1/houdou/1107/h0721-1_18.html（最終アクセス日：2018 年 2 月 26 日）

[34] 公益社団法人日本産科婦人科学会倫理委員会・母体血を用いた出生前遺伝学的検査に関する検討委員会「母体血を用いた新しい出生前遺伝学的検査に関する指針」、2013 年 3 月
http://www.jsog.or.jp/news/pdf/guidelineForNIPT_20130309.pdf（最終アクセス日：2018 年 2 月 26 日）

[35] Sasaki A., H. Aawai, H. Masuzaki, F. Hirahara, H. Aago, "Law prevalence of genetic prenatal diagnosis in Japan", *Prenatal Diagnosis*, 2011,vol.31, pp.1007-1009.

[36] 渡部麻衣子「出生前検査について今あらためて考える」、玉井真理子・渡部麻衣子編集『出生前診断とわたしたち』生活書院、東京、2014 年、pp.96-116

[37] ピーター・シンガー（樫則章訳）『生と死の倫理』、昭和堂、京都、1998 年

[38] 丸山英二編『出生前診断の法律問題』、尚学社、東京、2008 年

[39] 丸山英二「出生前診断の法律問題」、公衆衛生、vol.78,no3, pp.181-186、2014 年

[40] 香川知晶『命は誰のものか』、ディスカヴァー・トゥエンティワン、東京、2009 年

[41] 利光恵子『受精卵診断と出生前診断　その導入をめぐる争いの現代史』、生活書院、

東京、2012 年

［42］松原洋子「戦後の優生保護法という名の断種法」米本昌平・松原洋子・橳島次郎・市野川容孝『優生学と人間社会』講談社、東京、2000 年、pp.170-236

［43］NHS England, *Public health functions to beexercised by NHS England service specification No.16 NHS down's syndrome screening (trisomy 21) programme.* 2013
https://www.gov.uk/government/uploads/system/uploads/attachment_data/file/256467/16_nhs_downs_syndrome_screening_trisomy_21.pdf（最終アクセス日：2018 年 2 月 26 日）

［44］山根純佳『産む産まないは女の権利か』勁草書房、東京、2004 年

3 公衆衛生の倫理

大北全俊

1…身近で遠い「公衆衛生の倫理」

「公衆衛生」という言葉自体、あまりなじみのないものかも知れません。さらに「公衆衛生の倫理」となると、公衆衛生の実務に関わっている人にとってもなじみのないものだと思います。医療に関わる倫理的な問題といえば、「安楽死」や「尊厳死」、「代理母」、「出生前診断」、少し前のことになりますが製薬会社の社員も関与したデータ改ざん事件（ディオバン事件）といった「研究倫理・研究公正」など、新聞やネットのニュースで目にされることもあると思います。

しかし、「公衆衛生の倫理」については？　実はこれもよくニュースで目にされているはずです。例えば表1のような記事を読んだことはないでしょうか。

表1　受動喫煙防止に関するニュース（毎日新聞の見出しより）

・飲食店は原則禁煙、悪質違反に過料　3月法案提出（2017.1.31）
・「屋内禁煙」骨抜き危機　小規模なバーなど喫煙OK　反発受け、厚労省が例外案（2017.2.9）
・禁煙除外は30平方メートル以下　バー、スナック限定　厚労省方針　政令で規定（2017.2.28）
・今国会、法改正見送り　自民と厚労省など溝（2017.6.3）
・飲食店、喫煙可150平方メートル以下、新規、チェーン除く　厚労省新案（2017.11.16）
・屋内原則禁煙、後退　厚労省が改正案　加熱式たばこ規制緩く　150平方メートル以下店舗除外（2018.1.30）
・禁煙適用除外、飲食店の55％　厚労省試算（2018.2.16）

・（健康増進法改正案、筆者加筆）閣議決定　屋内禁煙、五輪都市で最も緩く（2018.3.10）
・規制強化へ法改正案　飲食店に戸惑い、落胆　利用客、歓迎の声も（2018.3.14）

　みなさんが読んでいる新聞やニュースによって表現は異なると思いますが、ここ最近表のような「受動喫煙」に関するニュースをよく目にされていたのではないでしょうか。「健康増進法」の改正を巡って、これまで努力義務だった受動喫煙防止のための対策を、罰則規定を含むより厳格なものにすることを巡って2017年あたりから厚生労働省を中心に議論が紛糾しました。表1はその議論の経過を追えるように見出しを並べたものです。受動喫煙による健康被害は科学的なデータからおよそ疑いえないものとなりつつあります。東京五輪の開催を契機に、厚労省としては当初「屋内原則禁煙」の改正案をうちだしたのですが、様々な反対にあい屋内禁煙の基準を緩和し、2018年2月時点で飲食店の55%が適用除外となっています。反対意見としては、規制を強化することによる店舗経営など経済に与える影響が挙げられていますが、おおもとには喫煙者による根強いニーズがあるでしょう。おそらく受動喫煙対策をめぐる議論はまだまだ続くものと思われます。

　さて、みなさんはどのようにお考えでしょうか。もし数人のグループを作って「受動喫煙のあるべき対策」について話し合ってもらったら、様々な意見が出てくるのではないでしょうか。受動喫煙対策を巡ってニュースで報道されていたような議論や、グループでの意見のあれこれ、それがまさに「公衆衛生の倫理」です。飲食店が禁煙になるかならないか、分煙でも許容されるか、電子タバコはどうなるのか。喫煙者だけではなくタバコを吸わない人にとっても身近な問題であることがお分りいただけるのではないかと思います。公衆衛生そのものが日常生活に大きく関わっているため、その営みをめぐる議論も本当は身近な問題を扱っているのです。

　しかし、公衆衛生の倫理には、やはり他の医療・生命倫理の問題とは違った距離も感じられるのではないかと思います。「あるべき受動喫煙対策」を考えたところで、一般市民の一人としてはどうにもしようがないですよね。安楽死・尊厳

死の問題や、代理母の問題も、制度としては個人レベルではどうにもできない点で違いはないかもしれません。ただ、呼吸器をつけるべきか否か、出生前診断を受けるべきか否かなど、自分自身が患者の立場であったり、家族の立場であったり、あるいは医療者の立場であるなど、問題への関わり次第である程度個人の選択に委ねられているところもあると思います。しかし、公衆衛生の対策となると、その対策に関わる限られたメンバーにならない限り直接的な意見は反映されませんし、受動喫煙対策を見てみると厚労省の意見でさえすんなりとは通っていません。およそ自分自身の選択が関わることのないような公衆衛生の対策について倫理的にあれこれ問題にすることに何の意味があるのでしょうか？

しかし、自分一人の意見が反映されるわけではないけれども、自分の生活の身近なあり方に影響を与えるもの、さらには、拒もうと拒むまいとある意味で一方的に決められてしまっているもの、それが公衆衛生とも言えるかもしれません。そのような公衆衛生について倫理的な視点からあれこれ考えることの意味を、あれこれ考えながら考えてもらう、ということが本章の目的でもあります。

2…公衆衛生について

公衆衛生とは何かということについては、様々な定義もあり、詳しいところは公衆衛生そのもののテキストを参照していただければと思います。よく知られたものとして、世界保健機関 World Health Organization（WHO）においてもよく言及されることのある Acheson による定義があります（表2）。

表2　公衆衛生の定義 [1]

公衆衛生とは、社会の組織的な努力を通して、疾病を予防し、寿命を伸ばし、健康を増進する科学であり技術（art）である

医療機関など患者個人の疾病や健康状態を対象とする営みと比べて、公衆衛生は社会全体の健康課題に取り組む営みであり、それゆえ受動喫煙防止対策に見られるように、国家・社会による組織的な取り組みを必要とするものです。

　そして、公衆衛生の営みは多岐に渡ります。米国の疾病管理予防センターCenter for Disease Control and Prevention（CDC）は、「20世紀に公衆衛生が達成した偉大な10項目」をあげています（表3）が、それらを見ていただければ公衆衛生がターゲットとしている健康課題の幅広さがお分かりいただけると思います。

表3　米国CDC「20世紀に公衆衛生が達成した偉大な10項目」[2・3]

・ワクチン接種
・自動車の安全性
・より安全な労働環境
・感染症のコントロール
・冠状動脈性心疾患や脳卒中による脂肪の減少
・より安全で健康的な食品
・より健康的な母子
・家族計画
・水道水のフッ素化
・健康の危険因子として喫煙が認識されたこと

　このように、公衆衛生は、社会全体の多岐にわたる健康課題に取り組むため、法律などの制度や社会環境に介入することがあります。そのため、個人にとっては、日々の生活に様々な影響を受けながらも、個人の選択を超えたところで物事が決められる、というところがあります。その辺りに「公衆衛生の倫理」が問われる要素があります。

3…公衆衛生が抱える主な倫理的課題

　「公衆衛生は人々の健康状態を良くするのだから何も倫理的な問題はないので

は？」と思う人もいるかと思います。しかし、「誰の」健康状態を良くするのか、そもそも「健康」とは何かなど解決のおよそ困難な課題を公衆衛生は抱えているとも言えます。受動喫煙防止対策がこれほどもめているのも、その一つの表れです。喫煙者の中には昨今の受動喫煙防止のために喫煙場所がどんどん制限されていくことについて快く思っていない人も少なくないでしょう。しかし、だからと言って一昔前のように列車の中など所構わず喫煙可能な状態となると、喫煙者ではない人が一方的に受動喫煙の被害を受けることになります。ではどの辺りで喫煙可能か否かの線を引くべきか。科学的なデータに基づきつつ、タバコを吸わない人の健康、経済的な影響、そして喫煙者のニーズも含む多様な視点を調整して決めていく必要があります。その判断の基準に公衆衛生の倫理は関わってきます。

「科学的なデータ」についてですが、公衆衛生では「疫学」と呼ばれる科学的な手法によって、一定の人口集団の健康課題やその相関する要因について分析がなされ、得られた科学的根拠（エビデンス）に基づいて健康課題への取り組みが議論されます。例えば、「コホート研究」と呼ばれるある人口集団を長期間に渡って調査する研究などは、研究対象となった人びとの抱える健康課題やその要因の明確化に多大な貢献をしています。古いところでは高血圧による健康リスクを明らかにした米国でのフラミンガム研究などが知られています [4]。ただし、「科学的なデータ」と言っても、それは絶対的に客観的な正解を提供してくれるものというわけではありません。この問題を追及すると「科学とは何か」という極めて大きな課題に取り組むことになるためここでは深入りしませんが、むしろ科学的データであるからこそ限定的な知見を提供してくれるものであって、たえず修正され更新されていくものです。

さて、本題に戻りましょう。公衆衛生が抱えている主な倫理的な課題を以下のように二つにまとめてみました（表4）。

課題①の「個人のプライバシーや行動の自由と社会などある集団の利益との相克」に関してですが、公衆衛生による社会全体の健康課題への取り組みは、時に個人の行動の自由を制限したり、プライバシーを侵害する可能性があります。その代表的なものが感染症対策です。アフリカで感染拡大したエボラ出血熱の流

表4 公衆衛生の主な倫理的課題

課題	具体例
①個人のプライバシーや行動の自由と社会などある集団の利益との相克	・感染症対策 　疫学調査（サーベイランス） 　隔離 　ワクチン接種 ・生活スタイル／行動変容 　喫煙、飲酒、食事、運動などの行動変容
②公衆衛生の施策と社会の構造や規範、文化・価値観などとの相克	・ヘルス・プロモーション ・健康格差対策 ・健康課題に脆弱な人々への対策

行（2014年）や、少し古い話になりますが、A/H1N1 インフルエンザの流行（2009年）、重症急性呼吸器症候群 Severe Acute Respiratory Syndrome（SARS）の流行（2003年）などの報道を記憶されている人もいるかと思います。その際に、患者を医療機関等に隔離した（SARS の時は医療機関ごと隔離したこともありましたが）といった報道がなされました。感染症の中には感染力が強くさらに重篤な疾患を引き起こすものがあり、社会全体に感染が拡大することを防ぐためには感染した人や感染が疑われる人の行動を調査したり、時には行動を制限することが対策として実施されます。

　ワクチン接種も個人の自由と社会全体の利益の間の相克という課題を抱えています。ワクチンを接種することで接種した個人も疾病予防という利益を得ますが、同時に副作用（ワクチンの場合は副反応ということが多いですが）のリスクもあります。現在の日本では1994年の予防接種法の改正によって、定期接種として規定されているワクチンも努力義務となり強制されていませんが、それまでは義務として規定されているものもありました。過去にはワクチン接種により重篤な副作用が発生し、死亡に至ったケースもあります。そのような場合に、当時の厚生大臣より「これは社会防衛のための貴い犠牲であり誠にお気の毒にたえません」といった書面が遺族に送られていました［5］。ワクチン接種には、個人の利益のみならず、感染症に対する免疫力を社会全体として構築する「集団免疫」の形成

という側面があります。米国などでは学校に入学する時点で一定の感染症に対するワクチン接種をしていないと入学を認めないという規定がありますが、これも個人というよりも学校など集団の健康利益の保護を目的としたものです。

感染症対策のほかに、社会全体の利益のために個人の行動を制限することの是非について議論されているものの中に、喫煙や飲酒、食事など生活習慣に対する介入の是非が挙げられます。受動喫煙の問題は、他者への危害の防止という点で感染症と議論が類似していますが、それだけではなく、周りに人がいないような環境で一人で喫煙するような場合でもより強制的な介入がなされるべきか否か、という議論もあります。この点については後で議論します。

課題②の「公衆衛生の施策と社会の構造や規範、文化・価値観などとの相克」についてですが、例えば、1986年、WHOによってヘルス・プロモーションのための「オタワ憲章」が提示されました。ヘルス・プロモーションとは「人々が自らの健康をコントロールする力を増し、改善することができるようにするプロセス」と位置付けられ、ヘルス・プロモーションを可能とするための条件を提示しました（表5）。

人々が健康でありたいと望み、そして健康的な生活を送ろうとするためには、個々人の心がけや努力だけでは限界があり、社会環境が整備される必要がある、ということです。

このような社会環境と個人の健康に関わるライフスタイルや健康状態との関連に注目して研究や議論が活発になされているのが「健康格差」の問題です。「健康格差」については表6のような議論があります。

表5　WHO「オタワ憲章」：ヘルス・プロモーションを可能とする必要条件

・平和
・シェルター（避難・保護施設）
・教育
・食料
・収入
・安定したエコシステム
・持続可能な資源
・社会正義、そして公平性

表6 健康格差に関する議論の例
「年収が低いと「高炭水化物」 食事偏り肥満も」（朝日新聞 2018.3.19）

・経済的に恵まれていない人ほどご飯やパンといった炭水化物中心の食事に偏りやすいことが、滋賀医科大などの研究でわかった。
・国民健康・栄養調査に参加した全国の20歳以上の男女2900人に、年収や家計の支出、教育歴のほか、食事の摂取状況や体格などを聞いて分析。
・世帯年収が200万円未満の人たちが摂取するエネルギーに占める炭水化物の割合は男性61％、女性60％で、600万円以上の人より男性で2.5ポイント、女性は2.9ポイント高かった。64歳以下の女性では、世帯年収200万円未満の人が肥満である割合は600万円以上の人の2.1倍だった。
・家計の支出額が少ないほどコメや麦などの穀類の摂取量が多く、尿に含まれるカリウムの量（野菜や果物、乳製品などの摂取量を反映）が少なかった。
・「経済的な余裕がないために野菜や果物にお金を回しにくく、値段が比較的安い丼物や麺など主食中心のメニューになりやすいのではないか。そのような人たちにもバランスのよい食事をとってもらえるよう、社会的な支援が必要だ」（研究チームの三浦克之・滋賀医科大学教授）

　欧米では1980年代ごろより、経済的格差など社会経済的状態がライフスタイルの在り方や健康状態などと相関があることが多くの研究で示され、社会格差による「健康格差」が重要な公衆衛生の課題とされてきました [6]。社会格差は、所得の低い人など、より社会経済状態のよくない人たちの健康状態に影響与えているだけではなく、所得の高い、より恵まれているとされる人たちの健康状態にも悪い影響を与えていると言われています [7]。日本でも国としてヘルス・プロモーションのあり方を規定する「健康日本21」の第2次改定時に、健康格差対策が盛り込まれました。表6のような経済状態などの格差と健康格差との相関を示す調査研究も増えてきています。ジニ係数（社会における所得分配の不平等さを測る指標）の変遷からたどると日本でも社会格差が拡大する傾向にあり、今後ますます健康格差は重要な公衆衛生の課題となるでしょう。

　しかし、健康格差が確かに存在していて、それは重大な公衆衛生の課題であることまで認識できたとしても、健康格差への取り組みとなると、結果的には社会格差を生み出している社会構造そのものに働きかけることになりえます。健康格

差問題は公平性などに関係したあるべき社会の姿まで視野に入れた問題なのです [8]。

健康格差とも関連しますが、公衆衛生は社会の根深い差別の問題とも関わることがあります。例えば HIV（ヒト免疫不全ウイルス Human immunodeficiency virus）感染症は、世界的にセックス・ワーカー、ゲイ男性など社会的に周縁化され差別的な扱いを受けている人たちの間でより広がっています（感染の広がり方は国によって違います）。そのため、HIV 感染症対策は必然的に感染に脆弱な人たちが置かれている状況に配慮したものが求められ、自ずと差別の問題への取り組みを含むものとなります。WHO は HIV 対策において特に重点的な配慮を必要とするコミュニティとして「キー・ポピュレーション Key Population」という概念を提示しています（表7）。

表7　HIV 対策における「キー・ポピュレーション Key Population」[9]

キー・ポピュレーションとは：
・特定の集団のリスク行為や脆弱性 vulnerability そしてその人たちのネットワークが HIV 感染の広がりの動向を決定している。
・こうした不均衡な感染リスクは、当該集団のメンバーに共通する行為や脆弱性を増大させている法的・社会的障害の両者を反映したものである。
・諸国家は当該集団の規模に応じた対策を整え、脆弱な集団のニーズに取り組む必要がある。
キー・ポピュレーションとされる人たち：
MSM（Men who have sex with men 男性と性行為をする男性）
監獄など施設に収容されている人々
（違法とされることの多い）薬物を使用している人々
セックスワーカー
トランスジェンダーの人々

このような HIV 対策は、社会で広く共有されている価値観や規範と衝突することがあります。中でも、覚醒剤などの薬物を使用する人に対する対策として「ハーム・リダクション」と呼ばれるものがあります。薬物使用によってなぜ感

染が拡大するのかというと、注射器や注射針を多人数のグループで共有して使用することがあるからです。グループの中にHIVに感染している人がいれば、注射器・針を共有していた人たちは血液を介して感染するリスクがあります。2018年現在の日本では、まだこのタイプの感染経路の割合はほとんどないとされていますが、世界的には性行為による感染と並ぶ主要な感染経路とされています。こうした注射器の回し打ちによる感染に対する対策として、薬物を使用している人に個人用の注射器や針を提供し、回し打ちをしないようにするという対策が取られています。このような対策を「ハーム・リダクション」といいます。日本では覚醒剤の使用は違法です。しかし、ハーム・リダクションでは、そうした薬物の使用を取り締まるどころか、使用している人がいわば安全に薬物使用できるように道具を提供するわけです。こうしたプログラムの感染予防効果は疫学的調査によって認められており、多くの国で採用されています。また、ハーム・リダクションのプログラムの導入によって、薬物使用者の増加を招いたというような科学的根拠（エビデンス）はないというWHOによる報告もあります[10]。とはいえしかし、違法とされている薬物を認めるようなプログラムをしかも公衆衛生として公的に実施することに抵抗を感じる人も多いのではないでしょうか。

　このように、公衆衛生は社会の抱える健康課題に取り組むがゆえに、社会そのものが抱えている問題や矛盾に取り組むことが不可避となっているともいえます。あるいは、公衆衛生としてどのような対策をなすべきか、ということは、いかなる社会が望ましいか、という社会のあり方そのものを考えることと切り離せないところがあります。ある意味では、公衆衛生とは倫理学そのものであり社会・政治哲学そのものとも言えるかもしれません。

4…公衆衛生の倫理の道具箱：倫理的な議論のための枠組み

　公衆衛生の倫理を考える場合、まず誰に倫理的な対応が求められるでしょうか。これまでの議論を振り返ってみると、公衆衛生を主に担うのは国家や地方自治体などの公的な機関であることがお分かりいただけるかと思います。生命倫理学

に関するイギリスの研究機関である「ナフィールド生命倫理評議会 The Nuffield Council on Bioethics」が 2007 年に公衆衛生の倫理に関する報告書をまとめていますが、その中で、「公衆衛生の中心的な課題は、人口集団の健康に影響を与える諸政策を国家が策定することがどの程度まで許容されるかということである」としています。また国家の策定する公衆衛生政策については、「いかなる政策、それには「何もしない」というものも含まれるが、それらは人々にとって何が良いことであり、何が良くないことなのかという価値判断を含んでおり、（倫理的な：筆者加筆）正当化を必要とする」としています [11]。

　以上のナフィールド生命倫理評議会の提言をまとめると、どのような公衆衛生政策が倫理的に妥当か否を議論するにあたって、まず責任が求められる主体が国家であること、そしていかなる公衆衛生の政策も価値判断を含み、なんらかの倫理的な正当化を求められること、そして、「何もしない」ということも一つの政策であり同様に倫理的な正当化が求められる、ということになるかと思います。

　では、公衆衛生政策の倫理的な正当化とはどのようにすれば良いのか、議論をするためによく援用される枠組みを確認します。

4-1 ●危害原理

　ジョン・スチュアート・ミル John Stuart Mill は「自由論 On Liberty」（1859 年）などで、現在の自由主義の基本的な理念を定式化した思想家です。彼は、「各人が自分の好む生き方を選べるようにする方が、幸福な生き方についての他人の判断を各人に押しつけるよりも、人類は大きな利益を得られるのである」[12] というように、自由主義および功利主義に基づく社会や政治のあるべき姿を論じました。個人の自由を尊重することを原則とし、そうした個人に公的な権力による干渉が許されるのは、その個人が他者に危害を与える危険を防ぐ場合だけであるとしました。これを「危害原理」と言います。

　公衆衛生の倫理を議論する場合も、この「危害原理」がよく援用されます。先に記述したナフィールド生命倫理評議会の公衆衛生の定式化にも、危害原理が読み取れます。公的な機関による公衆衛生という介入が、どこまで個人の生活に介

入することが（あるいは介入しないことが）許されるのか、危害原理に基づけば、その個人が他者に危害を与えうるか否かということによって当該介入・非介入が正当化されることになります。隔離などの感染症対策や受動喫煙防止対策などの正当化根拠となっています。

4-2 ● 功利主義

　前節で言及したJ. S. ミルに先立ち、ジェレミー・ベンサム Jeremy Bentham によって提唱された道徳理論が「功利主義 utilitarianism」と呼ばれるものです（「ベンタム」と表記する場合もありますが同一人物です）。「最大多数の最大幸福」という言葉を聞いたことのある人も多いのではないでしょうか。ベンサムの提唱した功利主義のエッセンスを表す言葉としてよく知られています。

　功利主義は、人間社会の福利こそが重要であり、そしてその増進につながるような行為を道徳的に最善の行為と考えます。功利主義にもいくつか種類があり、行為ではなく規則が人間の福利の増大につながるかどうかを重要視する考え方などいくつかありますが、ここでは深入りしません。「最大多数の最大幸福」という考えに基づけば、ある人口集団の福利の総和が最大となるような政治的施策がより望ましいということになります。ある人口集団の健康の増進を目的とする公衆衛生は功利主義の考えと親和的であり、公衆衛生の正当化によく援用されます。

4-3 ● 社会正義

　社会正義といっても様々な考えを含みますが、公衆衛生の文脈ではその恩恵が平等に行き渡るよう、公平性に配慮する視点について言及する場合に援用されます。ジョン・ロールズ John Rawls の「正義の原理」とそこから派生した公平性に関する議論の枠組みがよく援用されます。「最大多数の最大幸福」というように集団の福利の最大化のみを追求した場合、一部の人たちの権利について不平等な扱いがあったとしても、その政策は倫理的に正当化される可能性があります。そ

れでは不平等な扱いをされてしまう人にはたまったものではないでしょう。そのような不平等な扱いを受ける人に拒否権を与えること、そこにロールズの理論の特徴があるとも言われています［13］。そのようなロールズによる正義の原理は以下の理念に集約されていると言われています。「すべての社会的な基本財——自由や機会、所得や富、自尊心の基盤——は、その一部ないしは全部を不平等に分配することが最も恵まれない人々の利益にならないかぎり、平等に分配されなければならない」［14, 15］。

　どのような不平等は許容されるべきではないか、あるいは許容可能かということを巡って、様々な考え方が提示されます。先天性の障害の有無といった生まれつきの運・不運などは是正されるべきだという考えや、生きていく上で一定以上の選択可能性を個々人が持つことができるようにするべきだという考えなどがあります。もうお分かりかと思いますが、これらの社会正義に関する議論は、健康格差対策を主張する際によく援用されます。

　また、先ほどHIV対策で言及したような社会的に周縁化されている人たちへ重点的な配慮を求める場合に、人権 human rights をその正当化根拠とすることもよく見られます［16］。

4-4 ●より公衆衛生倫理に合わせた議論の枠組み

　上記の危害原理（自由主義）や功利主義、社会正義に関する議論は公衆衛生に限定されない一般的な政治哲学・理論に関するものです。これらの議論を踏まえつつ、より公衆衛生の施策の適否を判断するための議論の枠組みも紹介しておきます。

　一つはナフィールド生命倫理評議会が推奨している「スチュワードシップ・モデル stewardship model」（表8参照）というものです。もともとは、医療健康政策における国家の役割についてWHO等で提示されているモデルです［17］。経済の効率性と社会正義の両立など、様々な倫理的な課題への対応が求められる国家の役割を明確にするものであり、ナフィールド生命倫理評議会の公衆衛生倫理に関する報告書において、あるべき国家のモデルとして推奨されています。国家は、

個人および集団の重要なニーズに対応する責任を負う存在であり、健康・公衆衛生政策においては、個人への強制など強圧的な干渉を避けつつ、人々が自ら望めば健康であることができるような環境を整え、健康格差の縮減に責任を持つものとされています。

表8　スチュワードシップ・モデル stewardship model [18]

公衆衛生の目標およびプログラムは以下のようであるべきである：
・人々が相互に負わせる健康障害のリスクを縮減することを目指す
・清浄な空気や水、安全な食料や十分な decent 住居の供給といった健康の維持に関わる環境的条件を確保する規制によって、健康障害の諸原因を縮減することを目指す
・子どもや他の脆弱な人々の健康へ特別な注意を払う
・情報やアドバイスの提供だけではなく、アディクション（依存症）や他の不健康な行為を克服することを支援するプログラムによって、健康を増進するようにする
・運動のための簡便で安全な機会を提供するなど、人々が健康的な生活を送ることが容易であるような状況を確保する
・人々の医療サービスへの適切なアクセスを確保する
・不公正な健康格差 unfair health inequalities を縮減することを目指す
（公衆衛生施策に対する：筆者加筆）抑制という点で、プログラムは下記のようであるべきである：
・成人に対して、健康な生活を送るよう強制することを試みない
・影響を受ける人々の個人的同意無しに、あるいは適切な委任を与えるような手続的正義にのっとった手順 arrangement（民主主義的意思決定手続きのような）なしに導入される介入を最小限にする
・過度に侵襲的で重要な個人的諸価値と対立するような介入を最小限にするようつとめる

また、よく言及されるものとしてチルドレスらによる「公衆衛生の施策を正当化する5要件」も紹介しておきます（表9）[19]。

特にこの5要件のラストにある「公的な正当化」という要件は、大変重要です。これは公衆衛生の施策として何をするのか／しないのか、ということだけ

表9　公衆衛生の施策に求められる倫理的な5要件 [19]

・有効性 effectiveness　公衆衛生の施策が目的達成のために有効なものであること
・均衡性 proportionality　公衆衛生の施策によってもたらされる利益が侵害される諸価値よりも優っていること
・必要性 necessity　実施される施策が必要不可欠で他の方法がないこと
・最小限の侵害 least infringement　侵害を最小限に抑えること
・公的な正当化 public justification　施策の決定過程やその結果などについて充分に説明するなど公的に施策を正当化すること

ではなく、どのようなプロセスで決めたのか、そしてその結果はどうなったのかということを市民に公表し、公衆衛生の透明性を確保する必要性を規定したものです。この章のはじめのところで、「身近だけど距離のある公衆衛生」ということについて言及しました。公衆衛生は社会やコミュニティの健康課題に取り組むという性格のため、生活に深く関わりつつも個人の判断を超えたところで施策内容を決めざるを得ません。感染症対策などのように、時に迅速に、個人に対して強権的な施策を実施することが求められる場合もあります。それゆえ、「公的な正当化」という原則は、「身近だけど遠い」という公衆衛生が内包するギャップに対処するための不可欠な原則なのです。

5…公衆衛生の練習問題：健康管理は義務なのか？

問：自分自身の健康管理をすることは国家や社会に対する義務だという意見がありますが、みなさんはどのように考えますか？

ここまで公衆衛生の倫理の概要について、その倫理的な議論の際に援用される理論も含めて確認しました。まだ少し紙面の余裕もあるので、公衆衛生倫理の中でホットなトピックの一つについて考えてもらえたらと思います。それは「健康管理は義務なのか」ということです。

例えば喫煙について。受動喫煙など他者の迷惑にならない場合はタバコを吸うのは個人の自由ということでおおよそ多くの人は反対されないのではないかと思います。たとえ体に悪いということはわかっていても、成人した大人が自分で判断したことであれば、先に言及した「危害原理」に基づけば公衆衛生など公的な介入をするべきではない、あるいはするとしても個人の自由を妨げるような強制的な介入は認められない、現在でもおおよそはそのように位置付けられています。他にも健康に悪いとされていることは多くありますよね。肥満につながるような食事の取り方や過度の飲酒、運動不足、などなど。健康管理ということを完全にできている、という人は少ないのではないでしょうか。「よくないな」と思いつつも、ほかの人や社会に対してやましさや罪悪感まで感じる人はそう多くはないかもしれません。

　しかし、まさにこの「危害原理」に基づいて、健康管理・健康増進は市民の義務である、つまりは公的な介入を受け入れなければならないという主張があります。ごく簡単にいうと、健康管理を怠り病気になることで医療費など公的な資金に負担をかけるという仕方で、他者に危害を与えている、という主張です [20]。誰もいないところで一人タバコを吸っている人は、一見して誰にも迷惑をかけているようには見えません。しかし、喫煙によって健康を害したため、もし健康であれば働いて稼げた分が稼げなくなる、また病気になったことで医療費の負担をかける、つまりは長期的な視点に立つと、健康管理を怠るということは損失や負担を社会にもたらすことであり、個人の自由に収まらない課題である。よって、より強制的な介入が健康管理においても求められるというのです [21]。さてみなさんはどうお考えでしょうか。

　強制的な介入、というのはちょっと想像が難しいかもしれませんが、類似の議論として、健康管理を怠って病気になった人の社会保障を削減するべきだという議論があります。いわゆる「自業自得」として、かかった医療費は健康管理に務めていた人よりも自己負担を多く、あるいは全額自費にするべきだ、などの議論です。医療費が負担できなければ「諦めなさい」ということなのでしょう。こうした議論はしばしば目にすることがありますよね。これならいかがでしょうか。賛成、反対、意見が分かれるかと思います。

あくまで筆者の考え

　倫理的な議論を進めるにあたり、まず事実の段階で確認しておくべきことが2点あると思います。一つはそもそも健康を害したことが医療費など公的な負担を増大させていると言えるのか、そしてもう一つは、「自業自得」なのか、という点です。

　まず一つ目。実は健康を害する行動をとったほうが医療費の負担は少ないかもしれない、少なくとも増大させるとは言えないかもしれない、という研究報告があります。なぜなら喫煙など健康に良くない行動をとっている人の方が寿命が短くなると考えられるからです。確かに期間を区切ると若年のうちに疾病に罹患する率が高まり医療費の負担が増大するように見えるかもしれません。しかし、寿命が短くなる分、高齢者になってからの医療費が総体として減少する可能性があります。高齢者になるほどに医療費は増加することが知られています。これらの要素を考慮すると、実は喫煙者の方が生涯にかかる医療費は少ない、少なくとも増大するとは言えないかもしれないという報告が国内外にあります[22、23、24]。肥満についても同様の研究報告があります。もっとも、どのように調査をするのか対象や手法によって一律の結果が出るというものではないので、これらの報告が「正解」というわけではありません。そもそも科学は断定的な正解を告げるものではありません。ただ、少なくとも「危害原理」の根拠となるような第三者への危害や負担ということは不動の事実とは言い難いのではないかと思います。

　もう一つは、健康管理などのライフスタイルを個人の責任とだけ言い切ることができるかどうか、という疑問です。まさに「健康格差」として報告されている多くの科学的根拠（エビデンス）が示しているように、あらゆる社会格差によって健康的なライフスタイルを選択する可能性や容易さは異なると考えられます。「いやいやそういう社会格差も個人の責任だから」という人もいるかと思います。しかし、子どもの場合はどうでしょうか。子どもの頃にどのような環境にあったかということが、成長した後の健康状態にも影響を与えているという研究があります。「ライフコース・アプローチ」と言って、子どもの頃から、中には胎児など生まれる前からの環境の影響を視野に入れて健康格差の発生を明らかにしてい

る報告も昨今注目されています [25]。「全ては生まれのせい」とまでは言えなくても、「全ては自業自得」というのも公平ではないように思います。

　また別にこのような健康管理の問題に「危害原理」を当てはめることは倫理的に好ましくない、という議論もあります。医療費の増大というような間接的な他者への負担まで危害としてカウントしてしまうと、そのような可能性のある行為はいっぱいあって際限がない、という主張です [26]。例えば、自動車を運転する人の方が運転しない人よりもおそらくは自動車事故を起こす確率が高まるだろうと思いますが、それでは自動車の運転を控える義務があるのでしょうか。ちなみに、交通事故に遭遇する確率にも社会的な格差が相関しているという研究報告もあります [27]。「タバコは吸わなくても生きていけるけど（喫煙者の中には納得しない人もいるかもしれませんが）車の運転は仕事などでなくてはならないものだから」。それでは、スキーとか登山とかはどうでしょうか。怪我や遭難のリスクが高くなると思います。スポーツもやりすぎるとよくないと言いますよね……。

　そもそも、危害原理を提唱したミルが、なぜ危害原理を提唱したかというと、なるべく個人の行動の自由を確保し自分の好む幸福な生き方をした方が、個人だけではなく社会や人類にとってもより大きな利益が得られる、と考えたからでした。ミルはまた、このような間接的な仕方での負担を「危害」と位置付けて個人の行動を抑制するような考えは、個々の自由への干渉とは比較にならないほど危険なことだとも言っています [28]。

　もっとも、ミルの主張には科学的な根拠（エビデンス）はありません。もはや、どのような社会に暮らしたいか、どのような社会が望ましいか、あるべき社会のあり方の選択に関わる問題と思います。筆者自身は、危害原理やそれに類する議論を持ち出して健康管理や健康増進を強制したり、疾病になった人をさらに追い込んだり（このような現象を「犠牲者非難」と呼ぶことがあります）するよりも、個々人が望めばより健康的なライフスタイルが選べるように環境を整える、という健康格差対策を重視したスチュワードシップ・モデルに基づく施策が望ましいと思っています。

　ちなみに、「行動経済学」という言葉を聞いたことがあるでしょうか。2017年

にノーベル経済学賞をリチャード・セイラー Richard Thaler が受賞したことで一躍知られるようになった理論ですが、これも公衆衛生と深く関わっています。例えば、ミルの言うように「個人の自由に委ねると個人は幸福な生き方をする」のでしょうか。自分でもどうすればいいのかわからない、さらにはどうすればいいのかわかっているけどできない、というような経験はみなさんも日常的に経験しているのではないでしょうか。人は必ずしも自分の利益になるように合理的な選択をして生きてはいない、ということに首肯する人も多いと思います。そうであるとすれば、強制するわけではないけれども、どのように行動すると「得」になるのか、何かサインのようなものを与えてあげた方がその人も社会全体も利益が増大するのではないか。行動経済学ではこのサインのことを「ナッジ」と言って、あらゆる場面で有効な介入であることを示してきました [29]。強制するわけではなく、ある選択肢を第一選択肢として選択しやすいように消費者に提示し、その選択へと誘うのです。選択肢を減らしているわけではなく、あくまで「こちらの方を選んだ方がお得だと思いますよ」という選択肢を目につきやすいようにするのです。これを「選択アーキテクチャー」といい、またこのように「自由を認めるけれども一定の方向に誘う」という意味で「リバタリアン・パターナリズム」と呼んでいます。それでノーベル経済学賞に至ったわけですが、その中に公衆衛生に関わる取り組みもあります。例えば、セルフサービスの食堂で、野菜を取りやすい場所において、脂っこいものを取りにくいところにおいたりして健康的な食事を取りやすいようにする、などです。これなら個人の自由を制限することなく健康的な生活を送ることを容易にするので倫理的に問題なし、ですかね。みなさんはどう思われますか？

6…健康とは何か

健康管理は義務なのか、ということについて考えてもらいました。危害原理などに基づいて義務だと主張する意見もあれば、それに対する批判があることも紹介しました。

しかし、健康管理は国民の責務である、と規定している法律が実は日本にあります。受動喫煙防止対策で話題になっている「健康増進法」（2003年施行）です。

表10 健康増進法　第2条　国民の責務

> 国民は、健康な生活習慣の重要性に対する関心と理解を深め、生涯にわたって、自らの健康状態を自覚するとともに、健康の増進に努めなければならない

　国民の責務といっても個々人に罰則があるわけではなく、また、このように国民の責務を記載するのは法律の定型句のようなもの、という指摘もあり、それほど真面目に受け取る必要はないのかもしれません。しかし、日本国憲法には以下のようにあります。

表11 日本国憲法25条

> すべての国民は、健康で文化的な最低限度の生活を営む権利を有する

　果たして、日本に住む人にとって、健康であることは義務なのでしょうか、それとも権利なのでしょうか。
　そもそも「健康」とはなんでしょうか。健康の定義としては、WHOの定義がよく知られています。

表11 WHO憲章　健康の定義と健康への権利

> 健康とは、身体的、精神的および社会的に完全に満たされた状態（well-being）であり、単に疾病又は病弱の存在しないことではない。到達可能な最も高い健康水準を享受することは、人種、宗教、政治信条、経済的あるいは社会的条件によって区別されることのないすべての人間の基本的権利の一つである

　この定義をどのように評価するか、人によって様々と思いますが少なくとも健

康という言葉の意味するものが多義的であるということをよく表していると思います。健康であるということは非常に重要な価値であるということに疑問を感じる人はあまりいないのではないかと思いますが、ではどのような状態であれば健康と言えるのか、また本当に健康でなければその人の生活は価値がないものなのか、色々と考え始めると終わりはないように思います。

　健康格差に関する研究が示している通り、人が健康的な生活を送ることができるかどうかはかなりの程度社会的状況に左右されます。そのため公衆衛生という営みによって社会全体としてより健康的な生活を個々人が送ることができるようにすることは、現代に生きる我々にとっては不可欠の営みであると言えるでしょう。その多くは社会的な利益ばかりではなく、個人の選択の幅を広げより自由をもたらすものであるでしょう。しかし、公衆衛生というその性格ゆえに、感染症対策のようにある人々の行動を制限したり、また日常生活への介入が過度なものとなり人々の自由を抑圧する可能性もあり得ます。あるいは、健康格差対策のように、なされるべきと考えられる対策が放置されてしまうこともあり得ます。

　身近な生活に大きく関わりつつも、個々人の判断を超えたところでかつ一度決まれば選択する余地もなく決められている公衆衛生の対策。その倫理的な是非について議論することの意味は何か、筆者としてもなかなか答えがまとまりません。では何も考えなくていいのかというと、そういう態度にもためらいがあります。自分が投票してもしなくても、たったの1票、さしたる影響はない。でもしかし、やはり自らの1票は投じるべきではないか。どことなく選挙に臨む姿勢と似ているような気もします。現代社会に暮らす市民として、自らと社会との関わりをどのように考えるか、そしてどのような社会を望むのか、公衆衛生の倫理について考えることはそういうごく基本的な思考の一部をなすものと言えるかもしれません。

参考文献

[1] E. D. Acheson, On the state of the public health. Public Health 1988; 102（5）: 431-437
[2] CDC, MMWR April 02, 1999; 48（12）: 241-243

[3] 大北全俊「公衆衛生の倫理」、『生命倫理と医療倫理改訂3版』、金芳堂、京都、2014年、p..205

[4] L. Gordis（木原正博・木原雅子・加治正行訳）『疫学：医学的研究と実践のサイエンス』、メディカル・サイエンス・インターナショナル、東京、2010年、p.177-8

[5] 手塚洋輔『戦後行政の構造とディレンマ：予防接種行政の変遷』、藤原書店、東京、2010年、p.198.

[6] 近藤克則『健康格差社会への処方箋』、医学書院、東京、2017年

[7] カワチ・イチロー『命の格差は止められるか』、小学館、東京、2013年

[8] ノーマン・ダニエルズ他（児玉聡監訳）『健康格差と正義：公衆衛生に挑むロールズ哲学』、勁草書房、東京、2008年

[9] WHO, Consolidated guidelines on HIV prevention, diagnosis, treatment and care for key populations, 2014

[10] WHO, Effectiveness of sterile needle and syringe programming in reducing HIV/AIDS among IDUs, 2004

[11] The Nuffield Council on Bioethics, Public health: ethical issues, 2007: Xvi

[12] J. S. ミル（山岡洋一訳）『自由論』、光文社、東京、2006年、p.34

[13] W. キムリッカ（千葉眞・岡崎晴輝訳）『新版 現代政治理論』、日本経済評論社、東京、2005年、p.82

[14] J. Rawls, A Theory of Justice, Oxford University Press 1971:303

[15] W. キムリッカ『新版 現代政治理論』（千葉眞・岡崎晴輝訳）日本経済評論社、東京、2005年、p.81

[16] J. M. Mann, Medicine and Public Health, Ethics and Human Rights, Hastings Center Report 1997; 27（3）: 6-13

[17] WHO, World Health Report 2000, 2000

[18] The Nuffield Council on Bioethics 前掲書 : xvii

[19] J. F. Childress et al., Public health ethics: Mapping the terrain. Journal of Law, Medicine & Ethics 2002; 30(2): 170-178

[20] D. ミラー（山岡龍一・森達也訳）『政治哲学』、岩波書店、東京、2005年

[21] D. Callahan, Obesity: Chasing an elusive epidemic. Hastings Center Report 2013; 43（1）: 34-40

[22] J. J. Barendregt et al., The health care costs of smoking. New England Journal of Medicine 1997; 337（15）: 1052-1057

[23] 大島明「喫煙対策と肥満対策に思う」、公衆衛生 2011; 75（1）、p.2-3

[24] 村田賢史ほか「喫煙者と非喫煙者の生涯医療費」、日本衛生学会誌、2012; 67（1）: p.50-55

[25] 近藤克則『健康格差社会への処方箋』医学書院、東京、2017: p.12-25

［26］L. O. Gostin et al. A broader liberty: JS Mill, paternalism and the public's health, Public Health 2009; 123: 214-221
［27］近藤克則『健康格差社会への処方箋』医学書院、東京、2017 年、p.141
［28］J. S. ミル（山岡洋一訳）『自由論』、光文社、東京、2006 年、p.200
［29］リチャード・セイラー＆キャス・サスティーン（遠藤真美訳）『実戦行動経済学』、日経 BP 社、東京、2009 年

4　老人の尊厳と死について

庄子清典

1…工学系学生と老人の出会い

　福祉系の学生については、施設オープン時の平成6年から実習、ボランティア、見学などに毎年数十人が来所していましたが、工学系の学生が施設に来ることはまずありませんでした。お互いに無縁のものと考えていたからなのでしょう。ところが、10年程前に東北大学の梶谷先生から連絡をいただき、生命倫理の授業の一環として、工学系の学生に老人ホームを見学させてほしいというのです。介護用の機械でも開発するのだろうかと邪推しながらも、老人のために世代間交流を進めていましたので快く引き受けて工学系学生と老人との交流が始まりました。

　百歳を超えるお年寄りを初めて見て驚いている学生、半身麻痺で車いすに座っているお年寄りに声をかけられずにいる学生、認知症のお年寄りに何度も同じ質問をされて戸惑っている学生などなど、最初は同じ日本人なのに介護スタッフの通訳がなければ会話が成り立たないように見えました。しかし、慣れてくると談笑する姿が見られるようになり、見学終了時には学生との別れを惜しみ涙するお年寄りもいるほどでした。工学系学生との世代間交流は当初の目的通りに「出会いと別れ」を演出してくれたのです。梶谷先生がなぜ工学系の学生たちに特別養護老人ホームを見学させようとしたのか、少しわかったような気がしました。その後、工学系学生の見学は毎年行われるようになりましたが、その中で最も印象に残っている出会いは、平成23年5月に行われた見学での出来事でした。東南アジアからの留学生と津波で家を失ったお年寄りとの交流です。

　平成23年3月11日に起こった東日本大震災は多くの犠牲者を出しましたが、

命は助かったものの津波で家を流されて行き場を失った老人もたくさんいたのです。

一般避難所での生活が困難な方のために、当施設では3月12日から1階ホールに福祉避難所を開設し、十数名の要援護高齢者を迎え入れましたが、その中に津波被害を受けた方が数名いました。見知らぬ土地での見知らぬ人たちとの避難生活で心身ともに疲れが蓄積してきた頃であろう同年5月、工学系学生の見学が実施されました。留学生と避難していたお年寄りが会話をしていました。少し離れたところで見ていたので会話の内容はわかりませんでしたが、二人とも涙を流しながら励まし合っているように見えました。時に涙を流すことは抑え込んでいた感情を放出させ癒しとなります。自分の意思に反して施設に来たお年寄りと自分の意思に基づいて施設に来た留学生でしたが、故郷から離れた場所で愛する故郷と愛する家族を思う気持ちが共感しあったであろうことは容易に想像できました。思わず目頭が熱くなる、まさに感動的な出会いと別れでした。

いつしか私は、梶谷先生の想いを自分勝手に解釈するようになりました。人の役に立つ道具を作っていくことになる工学系の学生たちに、自分の意思に関係なく産み落とされ、自分の意思で生き、いつか自分の意思とは関係なく神に召されていく「人」について深く考えてもらいたかったのだと。様々な問題を抱えながらも、死と隣り合わせで必死に生きている老人の姿から何かを感じ取ってもらいたかったのだと（いまだに本人には確認しておりません）。

2…介護施設が抱える3つの課題

工学系学生の施設見学後には、私から老人ホームのことや介護について20分くらい話をし、質疑を受けます。最初の見学の際に受けた質問の内容に驚き少し戸惑いました。と言うのは、福祉系の学生からの質問は、「認知症ケアの病種別アプローチ」や「支援困難者への援助方法」などのように具体的で実践的な質問が多かったのに対し、工学系の学生からの質問は、「尊厳死をどう思うか」や「親を老人ホームに入所させた家族に罪悪感はないのか」のように「死」や「家族」

や「社会」を問う素朴で根源的なものが含まれていたからです。

私は、特別養護老人ホームの存在意義を肯定すべく、既に頭の中で整理していた介護施設における課題を再整理して文章化し、2回目からの見学と質疑に臨むことにしました。

介護施設における根源的な課題を整理してみると、「安全度と自由度」の問題、「道具の進歩と社会的価値観の変化」の問題、そして、「延命とその判断」の問題の三つに集約されるように見えます。そして、私はそこから見えてくる矛盾を「尊厳と習慣」という概念によって少しでも解決しようとしているのです。

3…安全度と自由度

私たちは、自由で安全に生活したいと願っています。しかし、自由な行動には常に危険が付きまといます。歩けば転倒する危険があり、行動範囲を広げようとして車を運転すれば交通事故に会う危険性があります。つまり、自由度を増せば安全度は減少する関係にあり、図1のように安全度と自由度は相反関係にあると言えると思います。家で大人しくしていれば事故に会う危険性は減少するのですが、私たちは生き甲斐を求めて外出し、自分の行動に制限をかけながら自由と安全のバランスをとって生活しているのです。更にこの関係には健康が関

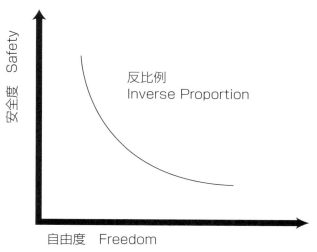

図1　安全度と自由度の関係

反比例
Inverse Proportion

安全度　Safety

自由度　Freedom

わってきますので、自由と安全の問題はとても複雑になってきます。

4…自由度と身体の健康管理

　介護施設には、日常生活を送るのに様々な介助を必要としている老人が入所しています。入所者の７割以上の方が認知症を患っています。認知症の無い方でも、自分の期待する行動能力と現実の行動能力にはギャップがあり、わずか数センチの段差に躓くというように、危険を回避できない場合が多いのです。ましてや認知症の方は記憶障害や見当識障害などがあることによって、危険回避能力が極度に減退しています。心の中では強く安全でありたいと願っていると思いますが、現実には自由と安全のバランスをとることが極めて難しいのです。そこで私たちが、一人で外出しないようにするとか施設内の危険な場所に行けないようにする等の行動の制限をして自由と安全のバランスを確保しようとするのですが、自由な行動の邪魔をしたと思われないよう上手にコミュニケーションをとりながら介助しないと信頼を損なう可能性が出てきます。

　食事にも制限が加わります。入所者の方たちの代表的な好物は刺身ですが、衛生管理上、集団食中毒の危険を回避するために夏場は刺身を控えることが多いのです。また、健康管理上、糖尿病の方に対する糖分の制限や腎臓病の方に対する塩分の制限などが看護師や管理栄養士によって行われますが、家庭において自由な食生活を送ってきたお年寄りにとっては、食事が生活上の大きな楽しみの一つであることを考えれば、単純な制限は大変気の毒なことです。

5…安全度と身体拘束

　自立して生活している場合には、自分で行動を制御して自由と安全のバランスを図っています。自立支援（介護）を受けるようになれば、介護者が行動を制限して自由と安全のバランスをとることになります。この目的は、自分らしく生活

するため、そして、自分らしく生活してもらうためです。

　図2は、図1に病院や施設等を並べてみたものです。救急センターは最も安全度が高い反面、自由度が低くなっています。家庭は自由であり、自室にいれば全くのプライベート空間として、何をしていても誰にも咎められませんが、怪我をしたり病気になったりした時に治療がすぐに施されないので、安全度が低いと言えます。特別養護老人ホームは、ちょうど中間に位置しており、悪く言えば、安全度も自由度も中途半端と言えますし、よく言えば両者のバランスがとれていると言えます。それで特別養護老人ホームは、安全度を重視することにより病院に近づくこともできますし、自由度を重視して家庭に近づけることも可能なのです。特別養護老人ホームでは、特に安全度と自由度のバランスをとることが求められますが、時に「終の棲家」と呼ばれることもある老人の「住まい」なので、自由度をより重視して家庭に少しでも近づけるのが良いと考えております。

　それでは、いついかなる場合でも自由と安全のバランスをとることはできるのでしょうか。私はそれが困難な場合を少なくとも二つ知っています。

　一つは、認知症の方の治療の場面です。現在の場所や傍にいる人を確(しっか)りと認

図2　安全度と自由度の関係（入院・入所）

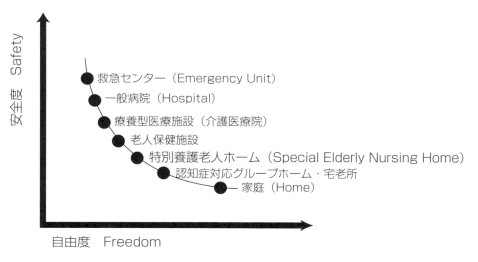

識することができない見当識障害のある方は、自分が病気であるという病識を持てない場合があります。足を骨折していても病識がないので立って歩こうとします。点滴治療を受けていても、病識がないので点滴の針を抜こうとします。見当識が確(しっか)りしていれば、医師や看護師から病状と治療の説明を受けることで、立って歩けば危険だとか、点滴が終わるまで静かに寝ていようとか自分で行動を制限することになります。しかし、認知症の方は仮に病状説明と治療内容に納得して、当初は自分で行動制限をしていたとしても、記憶障害等により治療のことを忘れて自由行動に移る場合が多いのです。安全と健康を優先する医師や看護師は本人の意思に反して身体を拘束することがあるのです。そのようにして、身体拘束のほとんどが認知症の老人に対して行われることになります。コミュニケーションが十分に図られないままに実施される治療を、もし、認知症の老人が自分への攻撃と判断した場合、老人は必死に抵抗することになり身体を拘束されることになります。拘束からも逃れようとする老人を、薬物も含めた、より強固な拘束が待っているのです。この悪循環の構図は、老人の認知症を進行させることになります。何時しか老人は人間不信となり、生きる意欲を失ったかのように大人しくなるのです。

　自分らしく生きるための支援であるはずの治療が、安全と身体の健康を優先させ過ぎコミュニケーションを疎かにすることによって、自由と安全のバランスは大きく崩れ、本来の目的とは程遠い結果をもたらす場合があるのです。

　もう一つは死に向かう過程で起こります。誰でもいつか必ず死を迎えることになります。安全な移動を行い、安全に食事を摂り、安全に生活を続けた末に死が訪れることになりますが、安全な死というものはありません。自由と安全のバランスは死に向き合った時から崩れていくように見えます。どこかで「安全」という概念を縮小し、代わりに「安心」という概念を取り入れる必要があります。「安心して最期を迎える」とか「安心してこの世を去る」という表現は昔から使用されている人間性溢れる概念です。

　　　自由×安全＝安心

この式が成り立てば幸せだと思いますが、そう上手くはいきません。
　それでも、老人が安心できるように支援していければ、上述の認知症の老人に対する治療も比較的良い方向に行くような気がするのです。

6…道具の進歩と社会的価値観の変化

　技術の革新は目覚ましいものがあり、どんどん便利になっていき益々豊かになっていくように感じますが、やっとスマホを少し扱えるようになった還暦の私には、情報通信技術 .Information and Communication Technology. ICT、ものインターネット Internet of Things. IoT や人工知能 Artificial Intelligence. AI などの道具の進歩にはもう追いついていくことが困難です。老人にとっては本当に大変なことで、家電さえ使うのが難しくなっていくのです。炊飯器や洗濯機を使いこなしていた方たちでも、最新式のものは扱うことができなくなっていきます。だからと言って、炊飯や掃除ができないわけではなく、認知症の老人でも以前から使っている「馴染み」の道具を使えば、ご飯の用意も掃除や洗濯もできる場合が多いのです。問題は、古い道具が壊れ、新しい道具が導入されることによっておこるので、これは介護施設内においても同じことなのです。
　現在90歳の老人も70年前には流行の最先端を走っていた20歳の若者であったように、現在において最先端の技術を享受している20歳の若者も数十年後には、時代に取り残されていくのです。
　江戸時代にはほとんど変化しなかった社会制度や生活様式が明治時代に入り、西洋文明を取り入れる形で大きく変わり始めました。100年単位で変化してきた社会は、大正を経て昭和になると10年一昔と言われるようになります。技術の進歩と合わせて社会制度や生活様式の変化は、社会的価値観を変化させます。そして、この社会的価値観の変化は老人を戸惑わせるのです。
　例えば、古い考えに属する「物を大切にする文化」と新しい考えの「衛生管理を大切にする文化」が衝突することがあります。
　老人は鼻をかんだ後、ティッシュを畳んでポケットにしまいます。これを見

た「衛生管理を大切にする文化」の中で育ってきた老人ホームの若い看護師や介護員たちは、鼻をかんだティッシュを感染物と看做し、「不衛生」「不潔」「汚い」などと老人にレッテルを張ることになります。老人はただ、後で再びティッシュを使うことで、「物を大切にする文化」を当たり前に実践しているだけなのです。認知症の老人がポケットやタンスの引き出しをティッシュやトイレットペーパーで一杯にしていることがありますが、これは、ティッシュをしまったことを都度忘れてしまうことによって起こることであり、老人は認知症になっても「物を大切にする文化」を確り保持している表れであると解釈すべきです。

　老人は、テーブルに落とした米粒をよく口に運びます。若い看護師や管理栄養士から見れば、テーブルの上は雑菌だらけであり不衛生ということになります。老人は、台拭きでテーブルを吹いたのだから衛生的であると考えますが、若い看護師や管理栄養士はアルコール消毒をしていなければ不衛生と捉えます。目に見える範囲で衛生管理をする老人の価値観と顕微鏡レベルや数値で判断する若者の価値観との違いです。ここでも老人は若者から「不潔」と思われることになるのです。戦後著しく衛生管理が進んだことにより、食中毒等の感染症に罹る機会が少なくなったのは喜ばしいことです。一方で、私が経営する保育園の園児には食物アレルギーの子がとても多いのですが、老人ホームの老人に食物アレルギーの方がほとんどいないのは、誠に不思議なことです。

　私が子供のころは、いろいろな道具の使い方や社会生活上の価値観を老人から教わることが多かったように記憶しています。しかし、社会制度や生活様式の変化によって推し進められた核家族化は、老人と若者の接点を減少せしめ、世代間のギャップは埋められないほど大きくなってしまいました。相互に相手の価値観を理解し合うことが大切ですが、老人は新しいものを受け入れるのがとても苦手なのです。若者こそが老人の価値観の理解に努め、歩み寄ることが大切であると思います。「鼻をかんだティッシュをポケットにしまう」のも「テーブルに落ちた米粒を口に運ぶ」のも、老人が自分を守るために行ってきた大切な「習慣」なのですから。

7…延命の問題とその判断

　超高齢社会を迎えた我が国では、毎年100万人を超える老人が死を迎えます。老人の死及び延命の問題は避けて通れない大きな問題となっています。

　昔は、老人の延命を考えることもなく、家族たちに看取られて畳の上で最期を迎えるのが普通でしたが、医学の進歩と社会的価値観の変化は延命の問題を作り出しました。

　延命には、人工呼吸によるもの、人工透析によるもの、そして人工栄養によるものなどがありますが、介護施設では、人工呼吸器や人工透析器などの高度な医療機器を取り扱うことが困難なので、主に人工栄養による延命が問題となります。人工栄養は、口から食事を摂ることが困難になった方に施される治療で、静脈に直接栄養を送る中心静脈栄養、鼻から管を通して直接胃に栄養を送る鼻腔経管栄養、胃に穴をあけて管を通して栄養を送る胃瘻（いろう）などがあります。介護施設で多いのは、胃瘻と鼻腔経管栄養です。問題なのは、認知能力の衰えた老衰の老人と認知症の老人に多いことです。治療は、本人の同意のもとに行われなければなりませんが、どちらの場合も本人の意思表示が難しくなってから必要性が生じていることです。老衰すると、体が栄養を受け付けなくなってきて、少しずつ食事を摂らなくなっていきます。認知症の場合には、脳の萎縮や反射機能の低下などにより咀嚼（そしゃく）や嚥下（えんげ）が上手にできなくなってきたり、生活意欲が極度に減退することによって食事を摂れなくなってきたりします。本人の意思が確認できなければ、家族の意思決定に委ねられることになります。ここで問題と考えられるのが三つあります。

　一つ目は、医師の延命に対する考え方と治療の説明の問題です。Sさんは、「延命は望まないので、絶対に胃瘻や気管切開はしないでほしい。自然に見送ってほしい」と元気なころ常々家族に話していただけでなく、自筆の書類も残していたそうです。家族はSさんの意思を尊重しようと決めていたので、医師から胃瘻造設手術を勧められた際に、本人の自筆の書類を掲げながら断ったそうです。ところが、「あなた方は枯れた花に水をやらないのか」と医師に怒鳴られ、やむな

く手術を受け入れたということでした。家族はSさんが亡くなるまで、Sさんの意思を尊重してやれなかったことを後悔し苦しんでいました。その医師は、延命をするのが当然のことと考え、その方針を実行するための説明に努めていたのでしょう。

　二つ目は、本人の意思確認ができなくなった場合の家族の選択です。家族が信念に基づいて既に延命の是非を判断していれば、私たちは、家族の意思に従って支援するだけです。しかし、「命は地球よりも重い」などと言われ、命が絶えることをとても嫌う現在において、本人に代わって延命の是非を判断することは、家族にとって大変難しく辛いことであり、心が揺れ動きます。「少しでも長く生きていてほしい」というは、どの家族にも共通の願いです。私たちは、「自分だったらどうしてほしいですか」と問いかけます。すると、ほとんどの家族が「自分だったら延命してほしくない」と応えるのですが、「それでも、何もしてあげられないことは耐え難い」と言うのです。私たちは、「本人がどのような想いで生きてきたのか。今、どうしてほしいと願っているのかを本人の立場で考えてみましょう」と問いかけます。「自分だったらこうしてほしいと思うことをして差し上げられますよ。」と投げかけます。最近では多くの家族が自然な死を選択しますが、その後も何度も心は揺れますので、本人だけではなく、家族の心にも寄り添い続けることが必要になります。

　三つ目は、延命の是非を判断する身寄りがない場合です。老人に身寄りがなく、認知症等によって自己決定が難しくなった場合には、成年後見人を選任することが必要になります。成年後見人は、老人に代わって契約等の法律行為やお金の出し入れ等の経済行為、そして日常生活の介護計画の承認などの身上監護を行います。しかし、成年後見人でさえも、老人（被後見人）の延命の是非の判断はできないのです。それでも身寄りのない老人の延命の是非の判断は誰かがしなければなりません。私たちは成年後見人と相談しながら、「本人はどうしてほしいと願っているのか」を本人に代わって判断しなければならない時があるのです。時には、成年後見人の選任が間に合わないことがあります。その場合には、私たちだけで、本人の「尊厳」を必死で考えお手伝いしなければならないのです。

8…尊厳と習慣

　私たちは様々な「習慣」を行いながら生活しています。「習慣」の多くは自分を守るために行われているのです。それでは、何を守っているのかと言えば、それは自分らしさということができます。「大切な人がいて、大切なものがあり、大切にしている考え方や生き方がある」そこにこそ自分らしさがあり、それこそが「尊厳」です。自立していれば、誰もが「習慣」を自ら行いながら自分の「尊厳」を守っています。

　「尊厳」は「基本的尊厳」と「習熟的尊厳」から成っているように見えます。言葉、着替え、トイレでの排泄、道具の使用、自分のものを大切にすることなどの習慣によって守られているのが「基本的尊厳」であり、誰もが持っている「共通の尊厳」ということができます。これは健康な子供であれば、3歳くらいまでに母親から授かることが多いと思います。この「基本的尊厳」がいじめのターゲットになることが多いのです。

　一方、家族や友人との交流、スポーツや趣味、仕事そして文化などによって身に着ける「習慣」によって自分を守ろうとしているのが「習熟的尊厳」であり、個人ごとに違う「尊厳」で「個別的尊厳」ということもできます。

　私たちは誰もが、幸せでありたいと思っています。そして大切な人に幸せであってほしいと願っています。しかし、高齢になったり、障害を持ったり、認知症になったりすると「習慣」を維持できなくなり自分の「尊厳」を守ることが困難になってきます。それは自分らしさを失っていくことになるのです。特に認知症の方の混乱などは尊厳を守ることが困難になったことに起因すると考えられます。トイレで排泄することや身だしなみを整えることはもちろんのこと、大好きだったコーヒーを楽しんだり、我が子や恩師の安否を確認するために会いに行ったり、先祖や先に逝った家族のために手を合わせたりすることは、「尊厳」とりわけ「習熟的尊厳」を守るために想像以上に大切なことなのです。

9…尊厳ケア（尊厳と習慣を守るケア）の事例
～自分の心に封印をかけたAさん（女性）

　平成20年、Aさんは71歳という若さで特別養護老人ホームへ入所してきました（入所者全体の平均年齢は86歳、過去の最高齢は108歳）。認知症がかなり進行していたため、Aさんの姉が入所契約者となり入所に至る経緯等を聞き取りました。Aさんは自宅で脳出血で倒れ入院治療をしていましたが、認知症を発症したためリハビリが思うように進まず、右半身麻痺の後遺症を残したまま特別養護老人ホームへ入所することになったそうです。

　入所当初から行動や発語が少なかったAさんでしたが、一か月ぐらい経つとほとんど行動も発語も見られなくなり、食事も摂らなくなってきました。介護計画書のメイン計画を「栄養を確保する」とし、栄養状態を心配した管理栄養士は、献立、食形態そして食事時間を様々な角度で工夫しましたが改善は見られず、健康を心配した看護師たちは医師と相談して、胃瘻造設の可能性を検討し始めました。

　一方、生活相談員と介護福祉士と私は、Aさんの生活歴を再確認するため、Aさんの姉と話し合いを持つことにしました。姉の話によると、Aさんの一人息子は幼い頃から病気のため入院生活を続けていて、Aさんは週に何度か看病に行っていたとのことでした。Aさんは自分が倒れた後、息子に会いに行くことを自ら封印したというのです。認知症がひどくなる前に、Aさんは、「麻痺した体を息子に見せれば心配させるので、もう息子には合わない。姉さん息子のことを宜しくお願いします」と姉に息子を託したそうです。その後、認知症がどんどん進行していき現在に至ったということでした。息子は現在も入院していて、姉が毎週見舞いに行っているとのことでした。

　私たちは、Aさんの心の奥に眠っているであろう「尊厳」を「母としての尊厳」であると理解し、その尊厳を守ってきた習慣を「息子の見舞い」と推定し、息子に会いに行くことを姉に提案しました。私たちは、姉の了承を得て、速やかに準備をし、Aさんと姉と生活相談員の三人で病院へ向かいました。病室に入るとす

ぐ、Aさんと息子さんは抱き合って泣いていたそうです。病院の看護師さんたちも二人の再会に感激して涙を見せていたそうです。

　病院から帰ってくるとすぐ、Aさんが活動し始めたのです。自分でご飯を食べるのです。車いすを自走して自分でトイレに行くのです。そして、車いすを自走して、息子さんの名を呼び続けながら徘徊しているのです。私たちは歓喜し驚愕しました。もちろん最も驚いたのは看護師たち医療関係者です。私たちはAさんの変化を次のように整理し理解しました。

　「Aさんは息子に会いに行くことの封印と認知症の進行に伴い、自分の生きる目的を見失い生きる意欲をなくして、活動を停止していた」のだと。「息子に再会したAさんは、生きる目的と意欲を取り戻し、活動を再開した」のだと。言い換えれば、「Aさんは息子に会いに行く「習慣」を封印したことと認知症の進行により、自分の「尊厳」を守れなくなり、自分らしさを失い、生きる目的と意欲を失っていた」のだ。「息子に会いに行くという「習慣」を実施したことにより、自分の「尊厳」を守れる状態になり、生きる目的と意欲を取り戻し活動を再開した」のだ。

　Aさんの変化を受けて、介護計画書が一変しました。メイン計画を「栄養を確保する」から「月に一回以上息子さんに会いに行く」にしたのです。息子さんに会いに行くために食事を摂る。元気な姿で息子さんに会いに行くために、入浴などの日常生活を維持していく、という考え方に変えていきました。

　決して認知症が良くなったわけではない中において、活動するようになったAさんには、いくつかの安全を脅かす事柄が待っていました。ひとつは、移動したりトイレに行った時の物理的危険性です。ベッドから車いすへ移乗するときや車いすで徘徊するときなどに転倒や衝突をしないように見守りが必要になったのです。もう一つは、息子さんの名前を大きな声で呼びながら他のお年寄りが生活している中を徘徊するものですから、他のお年寄りから怒られ喧嘩になるのです。特に大きな声で怒る、百歳になる認知症のおばあちゃん（Bさん）がいました。このことに手を焼いた担当介護員と生活相談員は、Aさんが息子さんに会いに行く際、Bさんも一緒に連れていくことにしました。移動する車の中でもAさんに文句を言っていたBさんでしたが、Aさんと息子さんが抱き合って泣いている姿

を見て、一緒に涙を流していたそうです。Bさんの子を想う「母としての尊厳」がAさんの「母としての尊厳」に共感したものなのでしょう。認知症のBさんは、その後も息子さんの名を呼ぶAさんに対して「うるさい」と怒っていましたが、その声はいくらか優しいものに感じられるようになりました。

　Aさんにとって比較的穏やかな日々が続いていたある日、Aさんの姉が血相を変えて私のところへ相談に来ました。「息子が、病気が悪化し亡くなりました。どうしましょう」。息子が亡くなったことをAさんに知らせれば、息子に会うことによって生きる意欲を取り戻したAさんが以前のように活動を停止してしまうかもしれない。息子が亡くなったことを知らせなければ、病院に会いに行けないことがAさんを徒に苦しめてしまうだろう。どちらを選択してもAさんを苦しめるだろうに、どうしたらよいのでしょうとのことでした。私は、「知らせましょう。Aさんは乗り越えられると思いますよ」と応えました。Aさんの「母としての尊厳」イコール「息子に会いに行くこと」というだけでは無く、「母としての役割を全うすること」のように感じていたからです。

　Aさんは喪主として通夜に出ました。通夜の儀の間、ずっと大声で泣いていました。私は、隣に座って手を握り締める以外何もしてあげられませんでした。翌日の葬儀も、私は隣で手を握るだけでしたが、Aさんの泣声は昨夜より和らいでいるように感じました。火葬場での最後の別れ。Aさんはシクシクと泣いていました。Aさんは苦難を乗り越え、「母としての役割」を全うしたのです。

　その後もAさんは息子さんが亡くなったことを忘れているかのように、以前と変わらず息子さんの名前を呼びながら徘徊していました。そして、自室に戻ると息子さんの遺影を見て思い出したように泣いていました。

　Aさんへの支援は十分とは言えないまでも、比較的上手くいった事例です。上手くいった理由はAさんの「尊厳と習慣」を想い図ることができたからです。しかし、一人ひとりの「尊厳と習慣」を理解することは、そんなに簡単なことではありません。私たちは現在も一人ひとりの心に寄り添い「尊厳と習慣」を探り続けているのです。

生活習慣には健康に関わる習慣と尊厳に関わる習慣があるように見えます。一見、健康を害するように見える生活習慣でも、実は尊厳を守るために必要なものなのかもしれないのです。特に認知症の方や死を迎えようとしている老人にとっては、尊厳を守る生活習慣の方が大切なものである可能性が高いのです。

　「尊厳」は、まだ十分に研究されていないように感じています。「尊厳の発現」「尊厳と成長の関係」「尊厳の変化と確立」「尊厳と文化の関係」そして「尊厳と死」などなど、多くの研究が待たれるところです。

　「安全と健康」を守るための技術の進歩には目覚ましいものがあります。しかし、これだけでは上述したいくつかの矛盾を取り除くことができません。動物の安全や健康を守るための技術の全てが人間に応用できないのは、「尊厳」の存在によるものという気がしてならないのです。「尊厳」の研究が進むことによって、「尊厳」を守るための技術がもっと生まれてくるかもしれません。今後、AI等の技術がますます発展することで、「尊厳の理解」と「尊厳を守る」ことに大きく寄与することを願うばかりです。

練習問題

以下の設問に答えなさい。
1. 自分にとっての「基本的尊厳」と「習熟的尊厳」を列記しなさい。
2. 両親ないし祖父母にとっての「習熟的尊厳」を列記し、思うところを300字程度で記しなさい。
3. 老人にとって情報機器は必ずしも便利で使いやすいものではない。若年層にとってもスマートフォンをカメラ、電話、Lineなどのサービス以外に使っている人は少ない。老齢者の社会生活にどのような情報サービスがあるべきか記せ。

5　科学法則の因果律と人間性
「あなたは人間ですか？　それともAIですか？」

沢田康次

1…序論

　科学技術を学ぶ若者たちと科学技術分野の研究教育者、そして科学技術を使いその影響を受ける一般社会人は、科学を如何なるものと考えているか？　わが国における、これらの考え方は世界共通であるか？　特に今、この問題を考えたいのは、前世紀後半から急激に進歩し、人類に多大な利便性と希望を提供してきたネットワーク技術、医療技術やエネルギー技術が発展する一方、その進み方が急激で、AI問題、遺伝子操作問題、核廃棄物処理問題など人間を置去りにしかねない問題が発生しているからである。

　編者注：人工知能（AI）は、コンピュータが発明された1945年直後から、数字を扱う代わりに記号を扱えば、言語などのヒトの知能を扱うことができるだろうという考えを持った計算機科学者たちが1956年、ダートマス会議を開いてこの分野をArtificial Intelligenceと名づけたのが始まりであるが、成果を生み出すには至らかった。一方で、ヒトの大脳皮質は6層の神経細胞が互いに複雑に結合して動作しているので、1958年この構造をヒントにパターン認識のための2層の機械学習手法、パーセプトロン、が提案され、その後多層化も試みられたが、結合強度の学習の収束性に問題があり、しばらく進歩がなかった。2006年に開発された機械学習手法、Deep Learning、は13層からなるネットワークシステムであるが、各層ごとの予備学習により学習の収束性を大幅に改善したものである。近年の計算機の演算速度の向上によりAIは囲碁の名人に勝利したことにより、人間の能力との差についての議論が盛んになった。

　若者はネットワークの上に生きている。そのため、自分が人間であるという確

信がない。そのことは、科学に対する間違った過信を持つような社会環境にくらし、その教育を受けている上に、人間とは何かという教育は受けていないことに原因がある。科学の精神は徹底した論理性にあることを教育することは、とても大切なことである。また、科学法則の示す数学的厳密さも科学の魅力であり、人は論理性と厳密さの魅力に感動する。しかしこのことは、数学と簡単な物理系のことであって、系が複雑さを増すにつれて厳密にその振る舞いを記述することが困難になる。しかし、素粒子研究者をはじめとする多くの科学者に共通しているのは、簡単な系で物理法則が成立すれば複雑な物理系においても物理法則が成り立つし、したがって現実の複雑な物理系においても物理法則が成り立つから、基礎となる物理法則を知っていれば、科学の手法が進めば、いずれ複雑な世界を説明できるとする立場をとる。

　筆者も、嘗てデイラック方程式［1］の予言力に感動して物理学の道に歩んだ一人であった。わが国では、その精神が中等教育と高等教育に反映されていて、理系の教育を受けた学生には、万物は科学法則に従い、私たちのこころも科学法則の持つ因果性に支配されているので、自分も科学の一部でしかないかもしれないと思わせるような科学の強力さと、科学による人間性の矮小化を感じていることが多い。学生と人類の持続可能性の議論をすると、『なるようにしかならない』という自主性の喪失感が感じられる。ここには二つの重大な問題が存在している。一つは科学者の科学的手法の限界に対する認識が弱いこと。もう一つは、科学では学べない人間性の重要さに対する認識が弱いことである。この両者は科学技術の急激な発展が及ぼした結果である。このことを十分に理解し教育することは、現代科学の正しい発展と人類の進歩につながるが、科学に対する正しい理解と教育が不十分であると、人間軽視が人類の持続性に赤信号をともしかねない。

　本小論で、科学の本質的限界と、その限界を越えた所にある人間性について議論し、科学への過度の信頼と文化創造の弱体化に警告を発し、現在の科学社会からの人間性復活を呼びかける。

2…科学と工学の歴史

　科学が進歩して自然界を完全に理解すれば、自然界に存在するいかなるものでも人工的に作ることができるという議論と希望がある。人類がそのほかの動物から分かれ始めたのは道具を使うようになってからといわれている。道具はやがて土木・建築に発展し、回転する道具は運搬道具となって馬車などの生まれるまで、10万年以上の年月を費やした。17世紀から始まった近代科学は、それまでとはまったく異なる速さで工学を進むことを可能にした。2世紀の間に熱力学・電磁気学が完成し、18世紀の後半からの産業革命と結び付いて19世紀後半のエンジンや通信機器の発明と実用化を可能にした。さらに、20世紀の後半、生物学を大きく進歩させたDNAの発見とコンピューターの発明が、世の中を大きく変えた。この急激な変化を経験した人類は、科学は今後も発展を続けるであろうし、本節冒頭に書いたように、それにともなって科学が進歩して自然界を完全に理解すれば、自然界に存在するいかなるものでも人工的に作ることができるという議論と感覚が生まれたのも無理はない。

　自然の理解の可能性とその人工的模造の可能性とは別問題で、この両方の可能性を検討してみよう。材料科学の分野では自然に存在する結晶を実験室で再現できるが、生物学の分野では、実は今まで自然に存在する生き物をその自然の作り方を理解して、そのやり方で人が作ったことは一度もないのである。一つの細胞さえ自然の作り方は、分からないのだ。クローン動物にしても、自然の作り方が分からぬままに自然の途中で手を加えているだけなのだ。人間がその理屈を理解して作った蒸気エンジンをはじめとする工業製品は我々を取り巻き、我々に計り知れない便宜を与えている。しかし、飛行機は鳥とはまったく別物である。まして、人間は鳥の働きがまったくわからないのだ。空を飛ぶ機能を持つ自然の仕組みが分からないので、人間が分かる簡単な仕掛けを組み合わせて作るのが工学である。AIも人間が分かる論理を組み合わせて作ったもので、人間自身の複雑さが理解できたのではまったくないのだ。

　次に、科学研究と科学教育に浸透している「科学法則」が持つ因果律の限界を

議論し、自然の理解をどこまでも進めることができるかというもう一つの問題を考えよう。近代科学の大きな特徴は、この世界は一定の普遍的法則によって支配され、あたかも機械の動作のごとき秩序を本来的に有していると信じる機械論的世界観であった。なぜなら、ニュートンの著作（Mathematical Principles of Natural Phylosophy,1687）が契機となって、今日の主要な数学的法則が自然科学界にて次々と「発見」されたからである。そして数々の新しい法則の発見が、機械論的世界像の正当性をますます強固に「証明」したのであった。この近代科学の構成の基礎には意識的にせよ無意識的にせよ、三つの重要な概念「因果律（causality）」、「決定論（determinism）」及び「還元主義（reductionism）」が仮定されている。因果律とは、字のごとく原因と結果には一元的関係があることを意味し、決定論は、ある時間での分子の集合体や星の集まりの状態は、それ以前の任意の時間での状態によって決定させることを言い、因果律よりも厳密な規則を意味している[2]。また還元主義は、複雑な系も部分に分解してその部分を理解すれば、それを総合することにより、全体が理解できるとする立場である。もしこれらの枠組みが正しければ、素粒子論者の主張のように、すべての素粒子の振る舞いとその相互作用を知れば、自然界に存在する現象とその時間発展がすべて分かることになる。確かに、科学精神は因果関係の尊重にあった。ある結果をもたらした理由として、その原因が存在すると考える「因果律」は科学発展の根本をなしていた。

　しかし、1970年代から始まった複雑系科学の進歩[3]は、古典力学の世界に限定しても、「決定論」は一般的には正しい自然認識ではないことと「還元主義」が複雑系においては力を発揮しないことを明らかにしてきた。もちろん、近代科学の三つの基本概念は単純な系では有効で、それに基づく産業が生まれ、工学が発展し、人類に多大の便宜差を提供してきた。電子デバイスの発明は、計算機やネットワークの発展を可能にし、複雑システムを単純なデバイスで組み上げた還元主義の見本のように見えるかもしれない。科学が生物を含めた自然の複雑な系の理解に有効な手段を見つけるのに手間取っているので、工学は決定論と還元主義が成立するデジタルシステムを発案したのであった。

　機械は機械論的に動く。機械は生物に比べて圧倒的にエネルギーを消費する。しかし、自然は機械論的に動かない。機械よりも効率よく，巧妙に動作している。

人間も機械論的に動かない。機械論が成り立たないことを知っている人間は、近代科学の三つの枠組みから自由であることを意識することが大切なのである。

3…科学法則が与える因果律・決定論の限界

　科学と人間の関係を正しく議論するためには、我々は科学についてよく理解しなければならない。何の偏見もなく「科学」を科学的に理解しなければならない。人間は、地球が生まれてから45億年経ち、生命が生まれて38億年の間進化し続け、ホモサピエンスが誕生して10万年（編者注：30万年とする最新の研究もある）経過した最も複雑なシステムである。その間に積み上げた生物システムの複雑さと巧妙さは、ガリレオ・ニュートン以来高々400年間で発展してきた現代科学で、その全貌を理解できるであろうか？

3-1 ●近代科学の決定論と還元主義の誤り

　物理法則を使ってある時間の後の結果を厳密に求めることができる最低限の条件は、その他との関係を持たない孤立系に対してのみであること。然るに、現実には、完全孤立系は存在しない。更にたとえその系が完全に孤立していても、系の構成粒子数が3以上の場合には、ある時間のその粒子の情報を無限の精度で与えない限り、大抵の場合、粒子系の運動はカオス力学［3］となり、その後の情報は厳密に知ることはできない。（編者注：あるとき南米の密林で一匹の蝶が羽ばたくだけで長期間後の世界の気候に変化が現れるという効果、バタフライ効果や初期値鋭敏性と表現される現象）

　現代科学は、古典力学の範囲内でも、科学の予知能力には限界があること、科学の進歩によっては乗り越えることができない本質的な限界があることを示した。また、現代科学の対象である複雑系において、還元的手法は有効でないことが示されている。単純な粒子系ではなく、しかも孤立系ではない生物やヒトの振る舞いを科学の因果性で議論することには、一面的な研究で成果を上げること

はできるが [4-8]、その振る舞いを科学法則で完全には予測することは本質的に不可能である。ヒトの主体的振る舞いの研究[5 − 8]も一面的には可能であるが、それを意思の自由と呼ぶことが適切かどうかについても、科学は断定できる立場にはない。また、還元的手法を用いない熱力学や統計力学でも、自然の理解に対して十分な力を発揮しているとはいえない。

3-2 ●科学社会における現実問題

現代人は、科学社会とも言うべく科学に取り囲まれていると感じている。科学の教育、工学製品に取り囲まれ、前者は因果律の妄信を教育し、後者は因果律が近似的に成り立つ便利さのために、科学は因果性を知らず知らずのうちに信じ込み、人間の振る舞いにも因果律が適応されると思い込み、したがって、意思の自由を謳歌する人間性が弱められている。このことが科学的に間違っていることを前節で説明した通りであるが、このことはまったく教育されていない。

そのことに関係して、心配なのは「あなたは人間ですか？ それとも AI ですか？」という質問にはっきり答えられない若者が多いことである。これには、二つの理由が考えられる。その一つは、眠っている時間以外の時間で、自分を表現している時間に比して、PC 端末やスマートフォンにかかわっている時間の比率が多すぎること。もう一つは、中等教育・高等教育で「人間とは何か」という教育がなされていないため、コンピューターは知っていても、「人間」を知らないからである。

4…人間と科学の関係

人間が生み出した科学と人間との関係が不明のままで、人間が科学研究や科学教育を行っている現状は、真の意味での科学の精神に反するものである。現代の科学社会をこのように不明瞭にしている大きな要素は、我々が人間をよく知らないという驚くべき事実に原因がある。人間という一番複雑なシステムをほとんど

理解しようとしないでないで、極めて単純なシステムのことを学んでいる。その結果、人間のことを放っておいて単純な人工物と暮らす社会を作ってしまった。

科学が、人間と切り離されてしまった原因は、「科学的真実は人間と無関係に存在する」という、ファインマンなど欧米の現代科学者の影響が大きい。しかし、前節で述べた理由によって、目の前の複雑な系は、極めて限られた簡単な系を除いてその時間発展を人間が検証することができない。検証できない現象の存在を主張するのは科学的ではない。つまり、近代科学を学んだ多くの人たちが誤って持っている科学の因果律的世界観は実は誤解に過ぎないかもしれない。実際、筆者も生物やこころに対する物理学的な研究を行い、一定の成果 [4, 6-8] を得ることができたが、科学の現状を見ても一昔前の物理学的な理解方法が有力でないことが明らかになってきた。生物学のDNAセントラルドグマの崩壊 [9] や、宇宙・素粒子論のダークマター問題 [10] からも「法則は存在する、しかし現実世界にその法則を使うと近似的な解しかえられない」。つまり「科学は常に近似である」ことは明らかである。これは科学が進歩すれば解決できる問題ではなく、科学の本質的性質によるものであることが重要なのだ。

「人間は自然界を近似でしか理解できないこと」と「人間は人間のことを近似的にさえよく知らない」ことを科学教育に含めることが必要で、そうすれば「人間と人工知能の関係」もはっきりする。科学法則は存在する。学ばねばならないし、教えなければならない。しかし、科学教育において、科学の法則を人間の人間らしさに適用できるか否かはまったく問題にされていないにもかかわらず、科学の授業を受けると、科学の法則性は人間性にも当てはまるかの誤った危険な印象を持ってしまうことが、大問題なのだ。

たとえば、学生と人類の将来について議論していると、「生物の種は過去にも沢山絶滅してきた。人類が絶滅しても不思議とは思わない」ということを聞くことが多い。どこか地球から遠い星から人類を観察しているような発言で、自分の問題と捉えていない。科学技術教育による客観的実在は教育されるが、人間とは何かを問う主観的実在を教育する機会に恵まれていない。おそらく、科学法則の普遍性を取り違えていることと、人間のことを知らないことによるとしか考えられない。人類をも他の物体と同じように客観視して、人類がこれまで努力し、苦

労して築いてきた文化・文明が無意味であるかのように聞こえる。私たちはこれまで何を教育してきたのか⁉　このような憂慮すべき状態は急いで改善しなければならない。そのためには、わが国の科学に対する考え方がこのようになった原因をまず、歴史的及び地理的に考える必要がある。

5…わが国の科学の歴史的・地理的理由による特殊性

　今年は、明治維新（1868年）から150年である。太平洋戦争の敗戦（1945年）からの約2倍に過ぎないことを考えれば、日本の近代史がはじまってからそんなに年月を重ねていないことが分かる。当時、明治政府は欧米列強からの圧力に囲まれて、欧化政策に懸命の努力をした［11］。1776年アメリカ合衆国が独立し、同じ年にアダム・スミスが『富国論』を著し、産業革命の進行と資本主義・市場経済によって世界中に原料と市場を奪い合う真只中であった。明治20年代後半には、急速な機械化の促進によって、日本は、主として政治的理由による受動的「産業革命」を迎えた。

　当時の我が国の政治家たちは、中国のように植民地化されないためには、軍備の増強と急激な"近代化"が必要と考え、富岡製糸工場（明治5年）、紡績業（明治16年）、明治10年代には、釜石（岩手県）の田中製鉄所、動力織機、鉱工業（足尾銅山）、明治34年（1901）には官営八幡製鉄所（福岡県）の操業を開始した。しかし、わが国におけるこの受動的な近代科学の導入は、ヨーロッパで人間復興の結果として始まった近代科学とは、根本的なところで異なっている。外国人招聘によって始まった日本式産業革命から現代の産業までの発展にしても、バブル崩壊以後のわが国の産業目標の建て直しが未だにはっきりしないのは近代科学導入時の問題から脱却しきれていないからである。

　日本では自分がどんな人間であるかを表現しないで生きていけるが、ヨーロッパのように自国が多くの他国と接している国ではそうは行かない。常に自分が、何者であるかを考え示していく必要がある。アメリカももちろん同じである。日本人が科学を考えるときの歴史的な受動性に加えて、この地理的要因がさらに重

なって、人間性との関係で科学を考える機会が少ない。自分のアイデンティティーを言えないで、人間とは何かという問いに答えられる訳はない。若い諸君は、機会を作って、欧米の研究室に滞在する機会を作り、科学に対する考え方を話しあう機会を作ることが肝要である。ドイツの生物物理学者アイゲン［12］の研究室で研究生活を送った私の友人は、福島原発の事故の後の日本人の対応について、自分たちは、科学に対して過度の信頼を置いていないという点で、違いを感じるといっている。

6…人間性とは何か？

　まず科学の持つ因果性と人間の持つ主体性の間に存在する関係とギャップについて考えてみよう。科学法則の持つ限界について前章で述べたように、単純な閉鎖系で成り立つ厳密な因果関係を、複雑系や開放系に適用できない。最も複雑で開放系である人間に対しては言わずもがなで、人間に従来の科学的手法による理解を求めることはできないのは当然である。少なくとも人間には科学が到達できない個性が存在する。科学の誤認識の結果、機械論的因果関係に影響を受けた我々現代人が、そのことを知っていかに人間性を回復できるか？　機械論で説明できない人間性とは何か？　人間が機械論的に動作しないならば、どのように動作するのか？　人間の振る舞いはとてつもない複雑系なので、先に述べた理由によって科学的な説明は存在しない。自由意志があるとか主体性があるとかの表現は、そのように見えると言えるだけで、説明になっていない。全ての人が他の人と違う振る舞いをすることだけは確かである。主体性やこころの一断面についての科学的研究は確かに存在するが［5-8］、個々の違いについて、科学は説明する方法を持たない。個々が持つ違いと主体性も含めて人間性の一部であって、そこに科学が到達できないのは、科学が未発達であるからではなく、前節で述べたように原理的に到達できないのである。科学の否定のように見えて、これこそ論理を重要視する科学の真髄なのだ。
　学生たちに「あなたは人間ですか？　それともAIですか？」と聞くことにし

ている。唐突で質問の意味が分からず、ぐっと詰まって、すぐには答えない。やっと「人間だと思います」と言う学生には「それは良かった、でもどこが人間なのですか？」とさらに聞くと、また沈黙が続く。一方で「私は、AIを尊敬していてAIになりたいです」と言う学生もいる。これらは将来をになう若者の考えであることを思うと、将来が心配になる。

　人間の振る舞いで、この10年間で一番変わったことは、電子機器を手にする時間が圧倒的に多くなったことである。女子高生の一日平均スマホ時間が7時間であるとか、お母さんが自分よりよりスマホのほうを大事にしていると感じる子供が3分の1くらいいるとか、ゲームを3日続けて命をなくした人がでたとかのニュースが日常的になった。イヤホーンをつけてスマホを操作しなが自転車に乗ったり、横断歩道を渡ったりする姿は普通になった。

　直接に人間の目や耳から情報を取り入れるのではなく、器具によって取り入れられ、他人によって加工された情報を、自分の目や耳を通して取り入れているのだ。匂いや味だけは、まだ個人の感覚器を通して直接取り入れているかと言うと、既にどこのあの食堂のそれはおいしいという情報とその評価が示される。客観情報が個人の直接感覚を押さえつける。それにしたがって行動する。これではAIと何が違うのか？

　なぜ、自分の主観を一番大事にしないのか？　それは日本の社会が個人の主観を大切にしてこなかったからだ。知識社会、試験社会、序列社会、この社会では個人の主観は持たないほうが有利にできている。企業の入社面接などでは、最近、主観を持った個人を評価するようになってきたが、少なくとも現在までの社会は客観的知識だけで序列が決まった。そのような評価社会で主観を大切にする若者が育たないのは当然である。できるだけ、自分の第一感を捨て、社会が何を考えているかをできるだけ集めて、その情報を基にして行動しようと考えるのは当たり前だ。そのためにはネットワークが一番。かくして、社会の序列に入りたがる若者はネットワーク人間になる。このネットワーク人間はAIとどこが違うか？

　また、わが国の中等教育・高等教育が知識詰め込み型教育であることは指摘されて久しい。知識は既に確定したことで、科学技術・歴史の講義はあるが、科学

的には分からない人間とは何かという講義がない。AIは人間の理解には無力であり、科学の及ばないことを考えさせる力を養う教育が必要である。さすがに文部科学省も2020年から大学入試に記述問題を導入しようとしているし、民間企業も、入社試験で、それまで大学で学んできたことよりも、企業の将来像を問う場合が多くなった。知識情報はネットで間に合うので、AI型人間は不要となってきた。わが国も、明治維新以来150年たって、やっと科学と科学教育のあり方が、従来のままではわが国自身が成り立たなくなることに気がつき始めたのだ。

7…科学の客観性と文化の客観性

　人間性とは少なくとも、各人がそれぞれ異なることである。その違いこそ科学が入り込めない人間性なのだ。しかし、違うだけでは寂しすぎることは、最近のアメリカ人学生に対するNYタイムズの調査［13］でも分かる。米国の大学生がいみじくも言った『私たちは昔よりずっとつながっているのに、昔よりばらばらなんです』は、心に響く。人間性には他人との共通性も必要なのだ。その共通性は不思議な性質を持っている。

I-1）違いを認識しつつ共通点を見つけたときの喜びは、人間性の中でも重要な要素である。（個性の客観化の始まりとも言うべきことである。）

I-2）違いを認識しなくなると、逆に共通点の意識が薄れる。（客観性を失うとき個性は消滅する。）

この少人数の集団における人間性は、そのまま大人数の集団にも当てはまる。

II-1）一つの文化圏の住人は、他文化の中に表現は異なっても人間としての共通点を発見するときの喜びは大きく、その文化を学ぼうとする（文化の客観化）

II-2）一つの文化圏の住人はその文化に埋没すると、その文化自身を意識しなくなる。その生き様を当然と考え、その特徴を他文化圏に発信しなくなる。（文化が客観性を失い、発信力が弱まり、消滅する。）

人間の精神活動の結果生まれる可能性のあるのは科学と文化である。科学においては「客観性」が主に扱われるが、それが行きすぎると、人間性が希薄になることを述べてきた。一方、「文化」の客観性が重要であることは余り議論されていない。文化とは、その地域の人々にとっては当然であって、他地域の人から見ると表現が異なるが人間性において共通点を発見でき、インパクトを受ける生き様、生活様式のことである。

　文化には、構成社会のメンバーの空間的な広がりと、独自性が必要条件である。地域限定性が必要ではあるが、地域の広さは種々である。全世界的にみると、ヨーロッパ文化、アジア文化など極めて広い地域の文化、その次には、北欧文化、地中海文化、東南アジア文化、そして国家が単位になるフランス文化、ドイツ文化、日本文化、などの文化があり、更に一つの国に住んでいると、「江戸文化」や「上方文化」などその国の中の生活用式の違いでさらに細分化される。ある文化の最小単位は、外から見てそれ以上分けても、主要な生活様式や言葉が余り変わらない地域のことである。例えば、標準語の東京と関西弁の上方と東北弁の東北地方である。

　一つの特徴ある生活様式を営んでいるコミュニティーが孤立して存在した場合、その住民にとっては、その生活様式が当然で、それを文章化したりすることに意味を見出さない。つまり閉鎖社会では、その生活様式は客観化する必要がない。当然のことながら、客観化は、自らは自分たちの生き様が当たり前と考えて、当然と感じている人たちには不要であり、他文化の人たちによって作られる表現である。しかし実際には、個人の生活、コミュニティーの生活パターンは本来、個人やコミュニティーに閉じているものではく、外部に流れ出るものである。その流れ出方は、地理的条件に加えて、生活パターンにも依存する。たとえば、島国と大陸では流出の速さは異なる。閉鎖社会でなければ、その生活様式とは異なる生活様式の人が往来し、違うと感じそれを言語化して他の人に伝える。我々が文化と呼んでいるものは、コミュニティー内部では当然と感じているものが、外部から交流してきた他者のために客観化されたものである。明治時代に日本文化を客観化したフェノロサの例は良く知られている。

　以上述べてきたように、文化には地域性と客観性が必要条件なのである。文化

は、客観性を持つことにより、他の地域に何らかの影響を与える可能性を有する。文化は人をひきつける。ひきつけた結果そこに住み込んでしまうことにもなる。国際的なヒトの流れもビジネスやツーリズムで始まり移住に繋がる場合もある。国内的にも文化の違いを良く知れば、自分の文化とは異なる文化の地に興味を持ち、時折訪問するうちに移住する人もある。グローバル化は画一社会を作るためではなく、地域性を客観化するものでなければならない。優れた地方の文化を豊富な言葉で客観化しなければならない。そこには他の地域の人々にとっては、異なる表現であっても本質的に共通で、豊かな人間性が実現されているからである。大震災などで、大事にしていた人・もの・環境を全て失った場合は、今まで同じ文化圏だと思い込んでいた地域内でも、その体験は個人によって大きく異なるために、客観的な言葉が存在せず、同じ地域の人たちの間でも適切な表現を見つけることができず語り合えないこともある。それでも、その地域の方言が標準語よりも役立つという事実には深い意味を感じる。

　なぜ文化のことを述べるか？　人間社会は文化を創ってきたが、AIが文化をつくることができるかを議論したいからである。これまで書いてきたように、環境・境遇がその地域の生き様を決める。個性ある複数の人々がその生き様を文章化したり記念物を作ったりして、客観化する。その広がりと深さが他の地域に伝わったとき文化として認識される。人間性とは結局、他人との違いを知りつつ人間としての共通点を発見する喜びである。文化の存在意義も、異なる文化の中に人間としての共通点を発見する喜びを提供するものと考えられる。では、AIは文化を創れるか？　まずAIは個性ある個人にはなれない。個性は、好き嫌いがはっきりしていることから始まる。この好き嫌いに単純な原因はなく、その個人、その家族、その地域の全体から作られる。そんなに複雑で、原因が同定できない環境とそれに対するレスポンスは、AIに使われるDeep Learningのような優れた最適化アルゴリズムでも学習できない。ネットワーク社会、AI社会には文化は新しく生まれない。個性も地域性も重要な要素ではないからである。

8…第二のルネッサンス

　ここで私たちが問題にしている根本問題は、人間復興である。ヨーロッパで14世紀ころから始まったルネッサンスは、キリスト教支配の中世からギリシャ・ローマ文化への復帰であった。そのころの芸術作品は明らかに人間の美しさをたたえている。宗教革命のような自由な考えが生まれ、ダヴィンチによって、数学的認識に基づく工学が始まり、やがて、深い科学的な思考へと発展しガリレオやニュートンを生み出した。その後400年が経過し、その線上に現代の科学・技術の今の姿がある。

　人間復興から生まれた科学が発展して、その後人間性を軽視し始めていると考えるとこれは歴史の皮肉な展開の一つかも知れない。この現象は、世界共通の現象なのか、わが国特有の現象なのか？　江戸時代の和算の関孝和、天文学の渋川春海、などわが国で生まれた科学、農学の青木昆陽、国学の本居宣長、政治の上杉鷹山など世界的先駆者を重視しないで、明治維新の後、当時の列強に伍すための道具として欧米の科学・人文学を受動的に受け入れた日本において、科学は人間復興から生まれたものではないという事実である。だとするとわが国においては、科学はそもそも人間性との関係はなかったということになる。ルネッサンスの流れで科学を生み出してきたヨーロッパの国々では現代科学と人間性の問題をどのように捉えているか？　興味深い問題である。

　この科学法則の因果性への盲信は思わぬ結果を人間社会にもたらしている。知らず知らずの間に、人間も科学法則に則った因果関係で行動するのではないかと信じ始め、中世の人間性が覆い隠されていた時代を再現しようとしているのかもしれない。これまで若者に「あなたは自由意志があると考えますか？」と聞いた私の経験では、人間の意志の自由があるとは考えなくなっている若者が増えている。若い先生方はどうでしょうか？

　歴史は繰り返す。私たちは、人間復興を意味する第2のルネッサンスを実現し、科学の限界の確認と人間性の復活を果たさなければならない。

9…結言

　科学はこれからもどんどん進む。科学を志す若者の前には未知の興味ある問題が山積している。科学が自然の理解を進めることは確かである。この小論は決して反科学を主張しているのではない。科学を学ぶものは、科学の本質をよく理解し、一方では科学の圧倒的な力の前に人間性を失わないことが肝要であること、またそれが可能である"科学的根拠"について述べたものである。

　科学はその持っている本質的限界のために、科学によって自由意志を持った人間を完全に理解することはありえない。人間は鳥の機能を見て飛行機を作ったように、人の振る舞いの限られた範囲での類似機能を持つ人工物つまりAIを作ることはでき、その範囲ではヒトを上回る機能をもたせることはできる。しかし、人間は自然界が生み出した一つの細胞さえ理解しているわけではないので、人間性を持ったAIを作ることはできない。類似機能があったとしても人とは格段の違いがある。囲碁で人に勝ったからという理由だけで、AIが人に置き換わるような議論は完全に間違っている。私たちはもっと人間性を学び、人間との関係で科学の研究と教育を行うべきである。近未来に全能のAIが出現するとの予想が語られるが、それは科学万能主義と言うドグマに惑わされた故である。

　最後に、この小論は、東北大学電気通信研究所の共同プロジェクト研究会で3年間議論してきたもの[14]と内容が重なる部分が多く、ここに同研究会メンバーの諸氏に感謝の意を表明します。

練習問題

1．あなたの学んできた科学はどこまで本当らしいという実感がありますか？
2．あなたは、自分は「人間らしいと」と思いますか？　それともAIに近いと感じますか？

3．もし前問に対するあなたの答えが「人間らしい」でしたら、あなたのどの振る舞いが人間らしいですか？

参考文献

[1] Dirac は、"The Quantum Theory of the Electron". Proc. R. Soc. A 117(778)：610–624. doi:10.1098/rspa.1928.0023 において、量子力学と相対論を結合させたエネルギーの固有状態として、電子、陽電子、スピンが自然に表現されることを導いた。

[2] W. パウリ（藤田純一訳）『物理と認識』、講談社、東京、1975 年

[3] 力学系ではカオスは、一般に言われている混沌ではない。変数の時間的変化が厳密な法則で表現されていても、3つ以上の変数が非線形的に相互作用すれば、その時間変化は初期状態の誤差を指数関数的に増大する場合が多い。初期条件を観測者は誤差ゼロで決定できないので、この場合、時間発展の行く末を予測できない。これはニュートンとライプニッツの、時間発展微分方程式が存在して、初期条件さえ与えればその後の世界はすべて知れるとする世界観は大きく変更を受けたことが知られている。武者利光・沢田康次『ゆらぎ、カオス、フラクタル』、日本評論社、東京、1991 年、沢田康次『非平衡系の秩序と乱れ』、朝倉書店、東京、1993 年

[4] 北森俊行・北村新三編『自己組織の科学』第 1 章（沢田康次）、オーム社、1996 年、沢田康次・佐藤美香・板山朋聡「生物の形態形成と機能発現」、生物物理、30 巻 2 号、39、日本生物物理学会、1990 年、 T. Musha and Y. Sawada, Physics of The Living State；Ohmusha, IOS Press, 1994、沢田康次『バイオメミティックスハンドブック』エヌ・ティー・エス社、東京、2001 年、沢田康次『複雑系のバイオフィジックス』共立出版、東京、2001 年、第 2 章、沢田康次・石田文彦『リズム現象の世界（非線形・非平衡現象の数理 I）』、東京大学出版会、東京、2005 年、第 3 章、沢田康次『モデル生物：細胞性粘菌』、アイピーシー社、東京、2000 年、第 9 章

[5] Benjamin Libet, Mind time: The temporal factor in consciousness, Perspectives in Cognitive Neuroscience. Harvard University Press, 2004. ISBN 0-674-01320-4

[6] Human Hand Moves Proactively to the External Stimulus: An Evolutional Strategy for Minimizing Transient Error; Fumihiko Ishida and Yasuji Sawada; Vol.93, No.16 PHYSICAL REVIEW LETTERS 15 OCTOBER 2004、168105-1

[7] Subjectivity and Awareness; Yasuji Sawada, Int. Journal of Machine Learning and Cybernetics(ISSN 1868-8071),DOI 10.1007/s13042-013-0192-1(2013)

[8] 認識と運動における主体性の数理脳科学；国際高等研究所報告書 0905；（代表者）沢田康次、2010 年

[9] DNA セントラルドグマの崩壊；「DNA →　（転写）　→ mRNA →　（翻訳）→タンパク

質」の順に伝達される、という、分子生物学の概念である。フランシス・クリックが 1958 年に提唱した。この概念は細菌からヒトまで、原核生物・真核生物の両方に共通する基本原理だとされた。しかし、線虫と人間の DNA 数が余り変わらないという極端な事実から、このドグマが疑問視されている。

[10] ダークマター：素粒子物理学の標準模型が、宇宙のほぼすべての構成粒子を説明するかに思われたが、ヴェラ・ルービンによる銀河の回転速度の観測から多量の暗黒物質の存在が指摘された。V. Rubin, W. K. Ford, Jr (1970). "Rotation of the Andromeda Nebula from a Spectroscopic Survey of Emission Regions". Astrophysical Journal 159: 379. doi:10.1086/150317

[11] 角谷昌則『近代科学と明治初期教育政策――教育令を中心として』、国立教育政策研究所年報、(134)、2005 年、p.155-169

[12] マンフレート・アイゲン：ドイツの生物物理学者。マックス・プランク生物物理学・化学研究所の元所長にして理事。化学的な「自己組織化」理論の構築者としても知られる。1967 年にノーベル化学賞を受賞。

[13] コラムニストの眼（デイビット・ブルックス）、朝日新聞 2018 年 3 月 9 日（2 月 27 日付け NY タイムズ）抄訳

[14] 科学の客観性と人間性の調和を目指した科学教育：東北大学電気通信研究所共同プロジェクト研究会報告書、代表者：津田一郎、2018 年

6 研究倫理

梶谷 剛

1…海賊のはなしから

今ではタチの悪い詐欺の代名詞である「錬金術：Alchemy」は近代科学の発展により、「冶金学：Metallurgy」や「化学：Chemistry」の発展により不正や詐欺から学術へと分化しました。この分化を物ともせず、近代科学を逆手に取る詐欺師が時折登場します。彼らは倫理を論じる枠の外にいる犯罪者ですから本稿の対象にならないかもしれません。

本章は現代の詐欺師のエピソードから始めます。詐欺師の名前はエリアス・アルサブティ（Elias A.K.Alsabti）と名乗る自称イラク人でした。現在も同じ名前で生活しているかどうか不明です。彼は1977年から1979年頃アメリカの医学・生理学分野の研究者等を騒がせ、最後に本物の医学博士号をカリブ海に浮かぶ島の大学で得て、どこかに消えました。詳細は文献[1]にあります。アルサブティはバクダッド大学医学校（バスラ医学校との説もある）で白血病ワクチンの研究を行ってその研究論文を余り有名ではない科学雑誌に送って最初の研究業績を造りました。残念ながらバクダッド大学もバスラ医学校も彼の学位について記録が無いとの事です。彼は白血病ワクチンを作って治験を行い、好成績を得たとしました。彼自身の申し立てによれば、彼は医学校を卒業して外科医になっています。彼は白血病のワクチンに関する論文をもってヨルダンのハッサン皇太子（王弟）に近づき、信任を得ると同時に奨学金をえて1977年にアメリカ合衆国にやってきました。彼はテキサス州ヒューストンのアンダーソン病院とその腫瘍研究所で医学博士をもった研究員として働いたのですが、彼が癌の免疫学的研究によりアメリカ合衆国で医学博士号を取得するまでに60編の研究論文を公表していま

す。その大部分が1979年に集中しています。彼はその業績と学位をもって帰国して、母国か近隣諸国で、しかるべき社会的地位につく計画だったと思われます。残念な事にその60編の論文は日本人も含めた多数の研究者がすでに発表していた論文の再投稿でした。アルサブティ氏の手口は比較的単純なもので、世界的には有名でない科学誌に掲載された論文をコピーし、著者名を自分と複数の架空の共著者に書き直して別の有名ではない複数の科学誌に投稿しました。有名な科学誌では無いことが彼の悪事の発覚を遅らせていました。複数の科学誌に同じタイミングで投稿していたので、各誌の編集委員会が通常行う二重投稿のチェックを逃れています。あるヨーロッパの科学誌に投稿された論文は2年前に日本の科学誌に別の著者から投稿されたものでしたし、彼が日本の科学誌に投稿した論文[2, 3]はカンザス大学の大学院生が投稿した論文のコピーだったのですが、印刷直前（about-to-publish）の状態でした。彼の悪事が露見したきっかけは自称医学博士の学位取得に疑問符がついた事でした。彼が働いていた研究機関では彼は学位取得を目的にしない研究員であり、生活費、学費、研究費はすべてヨルダン皇太子の資金でまかなわれていました。その資金も彼の悪事が露見すると1979年2月に停止されました。当時25歳だったアルサブティ氏はヒューストンの自宅を売却してロンドンに逃げたようですが、1980年まではヒューストンで生活しており、相変わらず黄色（金色）いキャデラック（アメリカの金持ちの象徴）を運転していました。彼は1980年5月にカリビアン・アメリカン大学（American University of the Caribbean (AUC)）のあるカリブ湾のモンテセラ（Montserrat）島に現れてとうとう本物の医学博士号を授与されました。彼の悪事は部分的には「海賊でもして生き延びるしかない "pirate or perish"」環境によるものかもしれませんが、悪心をもって学界を手玉に取ろうと思えばそうできる事が当時も今も問題です。

　"研究倫理"という新しい言葉が何を意味しているのか実は明瞭ではありません。研究倫理が"研究者の守るべき倫理規範"なのか、"研究の対象や進め方についての倫理"なのかです。
　他人の論文の剽窃など不正な方法で論文を書いたり、データの捏造や改ざんを行うなど研究者の行為に関する倫理を問う声が高まる一方、インチキ薬の人体実

験など研究目的の倫理性が問われる事件も後を絶ちません。

　公表された研究結果に対して不正なものではないかとの批判が揚がった場合、責任の問われる研究者が属する機関あるいは関係学会側の対応について倫理性が問われる場合が多々あります。

　本稿では「研究者の行為に関する倫理」、「研究の目的や手段に関する倫理」および「研究者の属する機関や関係学会の倫理」の３項目について分析します。

2…研究者の行為に関する倫理

　我が国でも諸外国でも、研究者の不正行為に関する中核的な倫理規定違反として３点が指摘されています。　それは改ざん、fabrication、捏造、falsification、他人の論文の剽窃、plagiarism, 通称 FFP ［4］と言われるものです。国内外の学会や文科省でこの３点についての注意喚起を行っています。諸外国でも1999年（フランス）から2009年（イギリス）にかけて研究不正についての倫理規定が定められています。羽田貴史等［5］は諸外国の倫理規定を細かに比較検討しています。FFP以外の重要な倫理項目として、"都合の良い発表（客観的事実に忠実ではないもの）"（クロアチア、デンマーク、フランド、インド、オランダ、スウェーデン、スイス、アメリカ）"幽霊オーサーシップ"（オーストラリア、中国、クロアチア、フランス、インド、オランダ、スイス、イギリス）、"統計の誤用"（デンマーク、フィンランド、オランダ、スウェーデン、スイス）、"他人の研究の歪曲"（クロアチア、フィンランド、インド、オランダ、スイス）、"他人の研究の無視"（中国、クロアチア、フィンランド、スイス）、"結果を歪めた解釈"（クロアチア、デンマーク、フィンランド、オランダ、スイス）、"利益相反"（オーストラリア、クロアチア、フランス、インド）、"二重出版"（中国、クロアチア、フィンランド、インド）などがあげられています。

　研究活動と関連したものとして、"認められた手順からの逸脱"、"不適切なデータ管理"、"専門資格のごまかし"、"不正に対する調査の妨害"、"同僚評価の悪用"、"財政の不正"、"情報や研究成果物の秘匿"、"人格侵害"、

"悪いメンターシップ"、"動物の虐待" などを挙げている国があります。

"統計の誤用" が研究不正と言うのは多少理解しにくい事です。誤用が意識的か無意識かの点です。無意識なら、単に基礎知識の不足と考えることができますが意識的に実験曲線をねじ曲げて都合の良い結果を示せば研究不正です。

"他人の研究" に関する件は頻繁に起きる事で、自分の研究成果を正しいと主張するためにすでに発表された他人の研究成果をねじ曲げて引用したり、無視してあたかも新しい発見のように報告する事例がたくさんあります。すでに発表されている研究成果が簡単に手に入る環境にいれば"他人の研究"に関する問題は研究不正と繋がりますが、そのような環境にない研究者が他の研究者の研究成果に気がつかないこともあり、研究不正とまで言えない場合もあります。我が国も40年程前までは欧米の大学や研究機関が持つ古い研究論文を見る機会が殆どありませんでしたが、現在は大学や研究機関が参加している"電子ジャーナル"システム等により、既に発表されているかなり古い文献まで、読める時代になりましたので、研究成果の発表の際、同じ研究成果が既に発表されているか否かを短時間で検索確認できるようになっています。ですから、我が国の大部分の研究者は"他人の研究"に関するトラブルは回避できます。

"結果を歪めた解釈" も頻発する研究不正です。ほとんど意味を為さないデータをあたかも新発見の証拠のように報告する論文があります。本当は電線のショートから起きた事故を室温超伝導の証拠としたり、夜中に起きた実験室内の水素ガス爆発を室温核融合の証拠とした事例があります。

"利益相反" 事例では本来不偏不党であるべき国立研究機関の研究者が企業から多額の資金援助を受けて国立研究機関内で研究設備を使って研究し、資金の提供者に有利な研究成果を秘密に報告したり、資金提供者のために特許申請をするような場合です。私企業の利益と国益との相反が問われます。

"二重出版" は最も頻繁に見られる不正研究です。同じ内容同じ写真、同じデータを使って同じ研究者が異なる研究誌に投稿して研究業績を水増しする不正です。場合によっては二重どころか四重以上の不正な出版を繰り返している研究者がいます。最近、各研究誌は簡単な検索ソフトを使って二重投稿を防いでいますが、論文タイトルを差し替えるとか、著者の並び方を変えるとか、論文の一部

を別の論文と差し替えるとかして検索ソフトの適用を逃れています。

　医学関係の研究では患者から同意を得て患部などのサンプルを得るのがルールですが、それを無断で取るなどの操作が"認められた手順"に違反することです。研究データは研究した本人と所属する研究機関や資金を提供した財団のものですが、それを金銭目的で私的に売り払うなどの行為が"不適切なデータ管理"に当たります。"専門資格のごまかし"は無許可や認可された講習を経ずに放射線作業を行うなどの研究行為です。

　"不正に対する調査の妨害"が最近の研究不正の告発を阻害しています。研究所長や学長になった研究者の研究不正について専門家から告発や注意喚起があっても、行政側が権力で押さえつける事件は多々おきています。

　研究所長や学長にまでなる研究者には多額の研究費や報酬が行政や企業から寄せられています。その研究内容に疑問が投げられると多額の資金を提供した側に致命的な批判となりかねません。資金を提供した側の責任者は自分の地位保全のためにも不正に対する調査を妨害する傾向があります。それが研究不正を根絶できない理由の一つです。

　"同僚評価の悪用"とは論文審査の誤魔化しと言う意味です。研究論文を学会誌等に掲載する場合に編集委員会から秘密に同じ分野か関連分野の研究者に掲載の可否について審査を依頼します。それを英語で peer review（同僚審査）と言うのですが、審査員に自分自身や共同研究者を忍び込ませて不正な論文掲載を行う人がいます。

　"財政の不正"、"情報や研究成果物の秘匿"は理解しやすいのでとりわけ説明しません。

　"人格侵害"は階層に分かれている研究グループの研究成果の所有権について起きる事で、研究グループの伝統や所属機関の伝統に従って、すべての研究成果が上位の研究者や代表者の私的な業績や所有物のように取扱われる場合のトラブルを言います。研究不正が指摘された場合には、最も低い地位にいるものにその責任を負わせて本当に責任のある人物を守るような場合です。

　"悪いメンターシップ"は民主的ではない研究機関や研究グループの研究成果の取り扱いについて起きる事です。メンターとは指導者・助言者の事です。お

金のために不正な研究を行わせたり、研究成果の不正な取り扱いを指示したりする行為を意味します。指導的な医学薬学研究者が製薬企業から試験薬の有効性を確認する研究を請負い、多額の研究費や報酬を得ます。その研究を若手の研究者に実施させ、研究報告をさせる際に無理に有効性が確認されたと報告させる事件が多発していますが、それが該当します。

"動物の虐待"は理解しやすいことでしょう。動物実験で実験動物からサンプルを取り出す際に実験動物に麻酔もしないで内臓を取り出すような操作が動物の虐待に当たります。

不正研究の多様化により世界中で多様な研究データの見直しや不正の告発があります [6]。

3…2014年ガイドライン

日本の文科省は「研究活動の不正行為への対応ガイドラインについて──研究活動の不正行為に関する特別委員会報告──」を2006年8月に8日に公表 [7] し2014年8月26日に新しいガイドライン [8] を公表しています。その新しく発表された2014年のガイドライン5ページには次のようにあります。

> "研究活動における不正行為とは研究倫理に背馳し、上記1及び2において、その本質ないし本来の趣旨を歪め、科学コミュニティの正常な科学的コミュニケーションを妨げる行為にほかならない。具体的には、得られたデータや結果の捏造、改ざん、及び他者の研究成果の盗用が、不正行為に該当する。このほか、他の学術誌等に既発表又は投稿中の論文と本質的に同じ論文を投稿する二重投稿、論文著作者が適正に公表されない不適切なオーサーシップなどが不正行為として認識されるようになってきている。こうした行為は、研究の立案・計画・実施・成果のとりまとめの各過程においてなされる可能性がある。
>
> このうち、例えば「二重投稿」については、科学の信頼を致命的に傷つけ

る「捏造、改ざんおよび盗用」とは異なるものの、論文及び学術誌の原著性を致命的に損ない、論文の著作権の帰属に関する問題や研究実績の不当な水増しにもつながり得る研究者倫理に反する行為として、多くの学協会や学術誌の投稿規定などにおいて禁止されている。このような状況を踏まえ、具体的にどのような行為が、二重投稿や不適切なオーサーシップなどの研究倫理に反する行為に当たるのかについては、科学コミュニティにおいて、各研究分野において不正行為が疑われた事例や国際的な動向を踏まえて、学協会の倫理規定や行動規範、学術誌の投稿規程等で明確にし、当該行為が発覚した場合の対応方針を示してゆくことが強く望まれる。"

上記1と2とは「研究活動の本質」と「研究成果の発表」を意味しています。日本の文科省の認識ではデータの捏造改ざん盗用、すなわちFFPが主な研究不正に当たり、二重投稿、不適切なオーサーシップも不正行為であると認定しています。

一方古い2006年の文科省のガイドライン[7]では該当する部分は次のように書かれていました。

"不正行為とは、研究者倫理に背馳(はいち)し、上記1（科学研究の意義）、2（研究成果の発表）において、その本質ないし本来の趣旨を歪め、研究者コミュニティの正常な科学的コミュニケーションを妨げる行為に他ならない。具体的には、得られたデータや結果の捏造、改ざん、及び他者の研究成果等の盗用に加え、同じ研究成果の重複発表、論文著作者が適正に公表されない不適切なオーサーシップなどが不正行為の代表例と考えることができる。こうした行為は、研究の立案・計画・実施・成果の取りまとめの各過程（競争的資金等の支援を受ける場合は、この他に経費支援申請や経費支援者への報告がある。）においてなされる可能性がある。なお、科学的に適切な方法により正当に得られた研究成果が結果的に誤りであったとしても、それは不正行為には当たらない。"

2014年発表の新しいガイドラインではFFPに加えて「二重投稿」と「不適切なオーサーシップ」を2006年のガイドラインより明確に研究不正とする一方、関連する学協会における不正防止のための投稿規程制定と不正発覚時の適正な対応が呼びかけられています。

　政府の呼びかけや学協会における不正研究防止規程等が制定された後、日本の研究者の研究不正は実際に減少したかどうかと言う点が気になります。

4…研究の目的や手段に関する倫理

　多くの研究者は知的な好奇心の満足や学術発展のために研究を行っています。しかし、多くの研究機関や大学などでは研究資金の不足もあって、研究テーマや担当者の絞り込みで研究経費を削減したり、外部からの資金導入を図っています。外部資金には公的なものもありますが、営利企業からの資金は商品のクレーム処理や商品開発、あるいは高価な新規医薬品の開発などを目的にしたものであり、研究者と資金提供者の間に利益相反があったり、研究で得た成果に関する知的財産権の囲い込みがおきます。国立研究所や大学など公的機関で得られた研究成果は本来遅滞なく公表されるべき性質のものですが、外部資金提供者の利益のために公表できない場合も出てきます。外国でもこの点についての一般的なルールはありません。

　日本の公的機関の研究成果が高い経済的利益を生む場合が少なかったので、この問題は顕在化してきませんでしたが、長い伝統と高い資金力をもったヨーロッパやアメリカ合衆国の大学や研究機関では利益を生む研究と直接利益に結びつかない研究とに明瞭な区別をしています。前者の研究成果は公表される事が少なく、特許申請すらされない場合があります。研究誌に掲載されるのは後者の研究成果です。軍事研究は公表されないもので、外国の研究機関には相当量の軍事研究成果やそれに従事する研究者がいます。企業内で行われる研究は企業利益のために行うものですから、基本的に公表されません。

　遺伝子分析を伴う研究やips細胞を使った医学技術の開発など高い経済的利益

に繋がる研究には社会的合意に基づく明瞭なルールの確立が必要です。

（編者注：厚生労働省の「ヒトゲノム・遺伝子解析研究に関する倫理指針」（平成29年2月28日改正）同省の「遺伝子治療等臨床研究に関する指針」（平成29年4月7日一部改正）、および「再生医療の安全性確保に関する法律」（平成25年11月27日施行）があります。）

研究の目的や手段についての倫理は公表可能な研究については担保されているのですが、公表されない研究についての倫理には問題があります。極端な例は軍事研究です。軍事とは敵ないし敵国の破壊を目的としたものです。敵対する人員の殲滅（せんめつ）つまり殺戮（さつりく）を目的にしています。情報戦のような直接的な戦闘ではないものもあるのですが、敵ないし敵国の経済基盤破壊や経済システムの攪乱（かくらん）を目的にしているものもあります。

アメリカ合衆国アイオワ州にアイオワ州立大学があります。その大学構内に金属材料研究専門のエイムス（AMES）研究所があります。第二次世界大戦時にできた研究所で、当初の研究目的は原子爆弾の材料になる高純度のウランの精錬でした。エイムスはマンハッタン計画の一部だったエイムズプロジェクト（ames-project）に因んだものです。実際にエイムス研究所から提供されたウランが日本に落とされた原爆に使われています。現在ではエイムス研究所の研究成果は広く公開されていますが、当初は軍事機密でした。第二次世界大戦時には我が国の国立大学（帝国大学）でも軍事研究をたくさんしていました。このように、軍事研究は世界平和や生活者の幸せや研究者倫理とは切り離されています。

研究者にとって、どの研究が公表を前提するものかしないものかは区別しがたいものです。しかし、研究者は自主的な倫理規範に基づいて行動する勇気と行動力を持つべきです。自分の研究が社会的正義を追求できないものだと判断できる場合にはその研究の見直しも視野にいれる位の見識と行動力を期待します。

研究手段についても慎重な選択と採用が期待されています。医学生理学関係の研究では臨床研究のように患者の命に直接関与する場合もあります。患者の命を左右する研究手段は患者本人、家族および研究者グループそれぞれが納得できるルールの下で利用することが求められます。実験物理の分野でも環境放射能を増やしたり、他の実験者の健康を害する研究手段を取ることは厳禁です。化学分野の研究では様々な液体や固体を混合したり、加圧したりします。実験者本人は理

解して実験していても、近くの研究者が間違って混合したり、場合によっては口にいれてしまったりする事故も起きます。小規模でもガラス容器の爆発でガラスが飛び散り近くの人の目に刺さると大変です。目の表面の角膜は傷に大変敏感で、ガラス等が傷つけるだけで、眼球の奥の網膜剥離が起きることが多々あります。

5…研究者の属する機関や関係学会の倫理

　研究者が倫理規定違反を行った場合、その研究者が属する期間や関係学会がどのような処理を行うのかが問題です。現在では頻発する倫理問題に対して各研究機関や学協会は倫理規定を設け、違反事例に対処するシステムも整備しつつあります。最低限の倫理規定としては文科省の2014年のガイドラインと矛盾しないものが定められ、ガイドラインに言う「倫理規定違反に対応する」組織が作られつつあります。しかし、それらの規定や組織がどのように有効性を発揮するのかが問われています。

　まず、外国の研究誌で不正研究がどのように取り扱われるか紹介します。不正研究であることが明かになった時点で、研究誌の編集委員会は該当する研究論文に対して"掲載取り消し＝retraction"を課し、編集委員会からその理由などについて、広告をだします。掲載取り消しになった論文は引き続き研究誌に掲載されるのですが、"retracted"の文字がその中央や文頭に加えられ、不名誉が長く記録されることになります。現在では過去から現在まで、必要な研究誌を電子図書館システムを利用したり、データベースにアクセスすることによって簡単に閲覧したり、コピーすることができます。以下一例を示します。

　この論文はシェーン（J.H.Schön）等により有名な研究誌Scienceに発表された電界効果型有機物半導体についての画期的な研究成果です[9]。

　論文の欄外にある枠内にこの論文が掲載取り消しになったものであるとの記述が加えられています。この論文の掲載取り消しに関して編集委員会からの広告は次のようになっています。

　この論文を掲載したScience誌と独立した委員会によって論文審査がやり直さ

れ、その結果この論文を含むシェーン等による8編の論文を掲載することが不適当だと判断されたとの報告です。

この例は最近のものなので、不正の発覚から論文掲載取り消しまでが短時間で終わっています。従来このような不正の発覚から処分の決定までの時間は時間を遡る程長く、不正研究の結果が政治的な影響力を発揮する場合は不正の事実が数十年に渡って明らかになりませんでした。沢山の不正研究の例がウィリアム・ブロード（William Broad）とニコラス・ウェイド（Nicholas Wade）によって書かれた単行本 [10] に集録されています。

17～19世紀は西欧による植民地支配が

6　研究倫理　●　127

行われた暗黒時代ですが、その支配が不正な研究成果で裏打ちされていたのは遺憾の限りです。その本 [10] には、1830 年から 1851 年までフィラデルフィアの医師であり科学者として知られていたサミュエル・モートン（Samuel G. Morton、1799 年〜 1851 年）[11] の頭蓋骨の研究が取り上げられています。

　モートンは民族別の頭蓋骨の標本を 1000 例以上集めて 民族別の脳の体積を研究しています。その結果、白人（コーカサス人）の脳が一番大きく、アフリカ人の脳が一番小さく、東洋人とアメリカ先住民はその間であるとの結果を幾つもの研究論文として発表しました。正確な実験ノートが残されていたので、現在ではこれはモートンが計測結果を都合良くねじ曲げたため作られた結論であり、ねじ曲げなかったら民族的な差は結論できなかった事が分かっています。モートンは当時高名な医学者で、1839 年から 1843 年までペンシルバニア医学校フィラデルフィア校（Pennsylvania Medical College in Philadelphia）の解剖学の教授でした。1844 年には合衆国考古学会の会員に選ばれています。彼の研究結果によりアメリカ合衆国は優れた白人（コーカサス人）がアフリカ人奴隷を利用する免罪符を得ました。また当時中南米に対する植民地戦争をしていましたが、インディオの国を白人が支配する正当性まで主張する根拠も与えました。モートンの研究では古代エジプト文明を作ったエジプト人は劣ったアフリカ人ではなく、白人（コーカサス人）だったと結論されています。彼は図 1 に示すような端正な顔をしたス

図 1．民族別の頭蓋骨の内容積について不正研究をしたサミュエル・モートン (Samuel George Morton) [11]

コットランド系白人男性でした。アメリカ合衆国政府や民衆がモートンの解剖学的白人第一主義の呪縛から完全に解放されたのか否かは未だに不明です。

　モートンの研究の成果はモートンの死後も様々な研究者に引き継がれています。

　不正研究が政治家に利用され、社会正義にまで影響を与えることになると、最早簡単には修正が効かなくなります。民族の優劣と解剖学の関係はその後のナチスドイツにも引き継がれて悲惨な結果を生んでいます。

　人間の知的レベルを議論する尺度として今でも IQ が話題になることがあります。このテレビタレントは頭が良

いと言う意味でその人のIQが紹介されることが有ります。このIQ（Intelligence Quotient）も不正研究の落とし子です。1910年米国合衆国の特殊教育の専門家だったヘンリー・ゴダード（Henry Goddard）はIQにより個人の知的レベルを評価できると言う論文[12]を発表しています。このIQはフランス人心理学者アルフレッド・ビネ（Alfred Binet）[13]が知的障害児の治療を目的として提案した知能評価の尺度であり、治療や成長に伴って変化するとされたものです。基本的には実年齢と知能年齢の比を示すものと定義されています。ビネはこの指数は大人を評価するものではなく、あくまでも子供の知的発達を見る尺度の一部として提案しており、子供の知的発達は環境や教える側の努力でも変わるものだと言っています。ところが、このIQをゴダード等は第一次世界大戦直後のアメリカ合衆国に押し寄せていた移民の選択に使おうとしたのです。ビネの尺度が幼い子供用だったにも拘わらず移民のスクリーニングに用いられたのです。方法論的にも内容的にも全く不適当でした。図2.のゴダードはその後、IQテストを軍隊の入隊試験にも用いています。軍隊には英語の読めない人もいたので、彼等には口頭で同じ問題を課したようです。入隊試験に用いたIQテスト問題が次のものでした[14]。

1. 30と7で幾つ？
2. 猫はネズミを捕まえるから有用な動物ですか、それとも優しいからですか、それとも犬を恐れるからですか？
3. 皮はすべての国で生産できるから役に立つのですか、それとも着ると気持ちが良いからですか、それとも動物から作られるからですか？
4. 次の二つの言葉は同じ意味ですかそれとも反対の意味ですか？
ぬれる、かわく
5. 同じく、入る、出る
6. 同じく、丘、谷
7. 次の単語を並び替えて意味のある文章にしなさい。そして、それが正しいか間違いかを述べなさい。lions strong are
8. 同じく、houses people in live

9. 同じく、days there in are week eight a
10. 同じく、leg flies one have only
11. 次の数字の列の次に来る二つの数字を書きなさい。3,4,5,6,7,8
12. 同じく、15,20,25,30,35
13. 同じく、8,7,6,5,4,3
14. 次に示すゴシック体の4つの単語からふさわしい一つの単語を選んで、イタリック体で書かれた文の3番目に入れなさい、

 gun - shoots :: knife - run cuts hat bird
 ear - hear :: eye - table hand see play

この小学1年生向けの試験問題に困惑した人たちの顔が目に浮かびます。

ニューヨーク湾に浮かぶエリス島に上陸した移民に対して、ゴダード等はこのような問題で精神的に健全でアメリカ合衆国の役に立つ人間であるか否かを決めたのです。余りに幼稚で杜撰です。

この人物はペンシルバニアの小さい大学の大学院で数学修士の学位を取り、マサチューセッツ州のクラーク大学で心理学博士の学位を取った人物ですが、研究者としては一線級の人物とは言えません。障害児・精神薄弱児のトレーニング学校の主任を12年勤めた後にビネの尺度を使えば便利であると宣伝して移民局の仕事を2年しました。軍隊の入隊テストも2年担当した後、1918年からオハイオ州の低学年教育局（Bureau of Juvenile Research）に20年奉職しました。従ってゴダード自身ビネの尺度を研究した訳ではなく、転職のために持ち出した目新しいヨーロッパの知識だったようです。

図2. IQテストを世界で始めて大人に適用したヘンリー・ゴダード (Henry H. Goddard)

現在実施されているIQテストはゴダードとは別にカリフォルニア州のスタンフォード大学にいた心理学者ルイス・ターマン（Lewis Terman）がビネの尺度を参考に1916年に独自にスタンフォード-ビネ知能スケール（Stanford-Binet Intelligence Scale）として考案したものが基礎になっています。ターマン[15]は心理学者としての研究歴があり、

天才児の研究をしたり、知的に遅れた子供達の知的環境要因について研究したりしています。彼はアメリカ合衆国心理学会（American Psychological Association）会長も務めた人物です。彼の提案するIQ試験は兵隊の入隊試験に使われた経過はありますが、本来社会人のランク分けのためではなく、天才児の発見と彼等に適した教育環境整備、および、学習の遅れがちな移民の子供たちなどにもっと相応しい学習環境を整備することを狙っていました。

一旦IQテストが軍隊やその他の公的機関に使われ出すと、IQテストを提案したビネ等やターマン等の思いとは裏腹に試験問題が一人歩きを始めて現在に至っています。

次に研究不正によって地位を得た人物を紹介しますが、多くの場合不正研究によって罰を受けたり地位を剥奪されている例は稀です。研究には行き過ぎや思い込みが付きものです。ですから、意識的な不正とウッカリミスとの明瞭な区別がつきません。不正をウッカリミスと言い換える事ができますし、賄賂の授受を伴うような例を除くと罰則規定も曖昧です。
場合によっては研究不正を指摘した個人やグループの方が罰を受けることもあります。

ソビエト連邦があった時代の学術は独裁者の意向によって偏向を余儀なくされ、独裁者の意向に背く研究者等は容赦なく排除されたり殺されたりしました。その時代の寵児だった農学者にルイセンコ（Trofim Devisovich Luisenko）[16]、と言う人物がいます。

彼の研究は農業生産力を飛躍的向上させることを目的としたものでした。当初は上手く行きました。小麦のもみを一旦冷水に浸して冬を経験させたのち暖かい圃場で育てると比較的沢山の収穫がえられました。この方法は古くから知られたものでしたが、図3.のルイセンコは自分の業績と宣伝し、「画期的」農法を編み出して綿花やジャガイモの増産に寄与しようとしました。彼はスターリン率いる共産党に近づいて政治力を得ました。彼が逝去するまで、彼は社会主義労働者英雄勲章、レーニン勲章、スターリン勲章を総なめにしました。彼はメンデルの法則で知られている親からもらった遺伝子による形質の継承説を否定しました。

図3. ウクライナ出身の農学者として活躍しただけでなく、共産党の権力を笠に反対派を弾圧したルイセンコ (Trofim Devisovich Luisenko)

その代わりに遺伝子は環境に適応して変化し、その変化は次世代に受け継がれると言うミチューリン・ルイセンコ学説を提唱しました。無論これは実験的事実に違反し、現在では否定されています。ミチューリン（Ivan Vladimirovich Michurin）[17] は実績のあるロシアの農業学者でしたが、ルイセンコは遺伝子学説を越える自説を飾る名前としてミチューリンの名前を利用したと思われます。ルイセンコはソ連科学アカデミー遺伝学研究所長を1940年から1965年まで勤めています。スターリン死去後もルイセンコは次の権力者フルシチョフに気に入られて農学者のトップの地位を維持しました。勿論、インチキ学説であるミチューリン・ルイセンコ学説から生み出される農産物の生産力は惨憺たるもので、ソ連崩壊の原因の一つにも数えられています。

　暴虐の25年を作ったルイセンコ程ではありませんが、我が国でも不正研究を行って"目覚ましい"研究業績をあげて大学総長や国立大学協会副会長、日本学士員会員や、文化功労者になった例があります。その人物は在任中学内から不正研究の指弾を受けたのですが、監督官庁から天下った元官僚たちに守られて無事大学を1億円以上の退職金を貰って定年退職し、別に1億円もの研究費を持ち出して私学の研究所長に横滑りしました。

　2006年から2012年まで東北大学総長を務めた井上明久氏とその関係者がいます。井上等の研究業績の中で、不正とされているものが"機械的強度が大変に優れたアモルファス合金棒の発明"があります。彼等の発明品は"すべての金属材料の中で最高の機械的強度がある"と本人によって宣伝されたものでした。そのために国費や企業からの研究費が200億円以上も集まりました。大学にとっては一時期スーパースター扱いだったのですが、この合金は全くのまがい物で、手から床に落としただけで粉々に砕け散る悲惨な代物でした。詳しくは文献 [18, 19] にあります。文献 [4] にも取り上げています。

　井上等の研究に表だって疑問符が投げかけられたのは2007年からでした。学内から厳しい指摘を受けた結果、井上等のアモルファス合金棒に関する代表論文

8編が一流科学誌から取り下げ処分 "retraction" を受けました。世界的に権威のあるイギリスの科学誌 "Nature" の編集委員会から数度にわたって井上等の不正研究に対して日本の学界は正しい対処をしていないとの指摘を受ける程でした [20]。残念ながら、井上等の "素晴らしい" 研究成果の大部分を掲載してきた学会の研究誌は井上等の研究論文に対して審査の再開を拒否し続けています。

心ある研究者ならば、ここで責任を感じて役職を辞退するのが自然な行為ですが、彼は全く違っていました。当時、大学では法人化整備に伴い文科省の官僚が沢山天下っていました。法人化法本来の趣旨は国立大学の文科省からの独立だったはずですが、逆の現象が起きました。井上等の研究業績（2500編を超える論文数です）は大学の看板として大変便利なものでした。監督官庁の天下り官僚が副学長や総務担当理事等を占めていました。彼らのトップは北大学長を上回る給与を得ていました [18, 19]。国会答弁さながらに彼らは学内組織として認められていない組織をいくつも作り、井上等を擁護し、逆に批判勢力を非公式な委員会に呼び出して直接圧迫しました。そして、最後は名誉毀損で地裁に提訴しました。名誉毀損裁判は最高裁まで行きましたが、科学的事実は棚上げされ、最後は井上等の勝利になりました [18, 19]。旧ソ連と同様、我が国の裁判所も行政に係わる案件は行政側に配慮することになっているようです。

不正研究に対する問題の中で一番解決がしにくいのが権力や権威になった人物のものです。普通の研究者の不正ならば、研究誌の編集委員会段階でスクリーンができますし、再現性の検証も可能です。しかし、不正研究の結果が "素晴らしいもの" で、しかも時間がある程度経過してしまうともはや後戻りはできない状態になります。

因みに最初に取り上げた海賊エリアス・アルサブティの研究論文の大部分は今でも取り下げ処分を受けずに世界中の図書館の書棚を飾っています。

練習問題

1．2000年文献 [6] の表にある不正研究の表から以降に発覚した例を一つ取

り上げて発覚から処分までの年表をつくりなさい。
2．海賊エリアス・アルサブティの研究論文の論文から現在でも取り下げられていないものを三編さがしなさい。
3．身近な分野の研究者が不正研究をした例についてその発覚から現状まで簡単に纏めなさい。処分に至らなかった例でも良い。

参考文献

［1］ W.J.Broad Science 208 (1980) 1438-1440
［2］ E.A.Alsabti Japanese Journal of Experimental Medicine 49(2) (1979) 101-105
［3］ E.A.Alsabti, K.Mueir ibid. 49(4) (1979) 235-240
［4］ 梶谷剛『工学倫理・技術者倫理』アグネ技術センター、東京、2017 年、p.19-31
［5］ 羽田貴史他・東北大学高度教養教育・学生支援機構編『研究倫理の確立を目指して——国際動向と日本の課題』東北大学出版会、仙台、2015 年、p.10-14
［6］ 科学における不正行為：Wikipedia https://ja.wikipedia.org/wiki/ 科学における不正行為
［7］ 2006 年文科省「研究活動の不正行為への対応のガイドライン」http://www.mext.go.jp/b_menu/shingi/gijyutu/gijyutu12/houkoku/__icsFiles/afieldfile/2013/05/07/1213547_001.pdf
［8］ 2014 年文科省「研究活動における不正行為への対応などに関するガイドライン」http://www.mext.go.jp/b_menu/houdou/26/08/__icsFiles/afieldfile/2014/08/26/1351568_02_1.pdf
［9］ J.H.Schön et al. Science 287 (2000) 1022-1023
［10］ ウィリアム・ブロード、ニコラス・ウェイド（牧野賢治訳）『背信の科学者たち』講談社、東京、2006 年
［11］ サミュエル・モートン http://en.wikipedia.org/wiki/Samuel_George_Morton/
［12］ H.Goddard "Human Efficiency and Levels of Intelligence", Princeton NJ: Princeton University Press. pp.8,12, 19-20, 127-128
［13］ アルフレッド・ビネ https://www.verywellmind.com/history-of-intelligence-testing-2795581/
［14］ IQ テスト http://www.newlearningonline.com/new-learning/chapter-6/goddard-on-iq/
［15］ ルイス・ターマン https://www.verywellmind.com/history-of-intelligence-testing-2795581/
［16］ トロフィム・ルイセンコ　http://ja.wikipedia.org/wiki/ トロフィム・ルイセンコ /
［17］ イヴァン・ミチューリン http://ja.wikipedia.org/wiki/ イヴァン・ミチューリン /
［18］ 日野秀逸・大村泉・高橋禮次郎・松井恵『東北大学総長おやめください　研究不

正と大学の私物化』社会評論社、東京、2011 年
［19］日野秀逸・大村泉・髙橋禮次郎・松井恵『研究不正と国立大学法人化の影　東北大学再生への提言と前総長の罪』社会評論社、東京、2012 年
［20］D. Cyranosky　Nature 470(2011) 446-447. http://www.nature.com/news/2011/110223/full/470446a.html

7 人生の選択

野池達也

　2006年4月、大学院工学研究科の授業「生命倫理」が開始された際に、私は、定年退職しておりましたが、再び教壇に立つ機会が与えられました。私の専門分野は、環境衛生工学ですので、生命倫理に関しては、在職中の授業でほとんど述べたことはありませんでした。しかし、日頃考えてきたこともあり、喜んでお引受けさせていただきました。本授業には2008年度から、医学系・医工学研究科院生も加わり、200名を超えるまでになりました。本章のタイトルを、「人生の選択」としました。私たちは自分の人生の歩みを、どのように選んで行くべきかが主な内容です。私の経験に基づいて述べさせていただきます。

　また、福島第一原子力発電所事故被災地のために、大学で学んだライフワークの一環として復興活動に参加して参りました。これについては、最後に述べたいと思います。

1…人生の選択

　おそらく、大学院に進学した皆さんは、前期課程修了後、就職して社会人としての一歩を踏み出すべきか、あるいは、後期課程に進学して研究を深め、研究者の道に進むべきかとお考えでしょうし、自分の天職は何かということは、皆さん一人残らず考えておられることと思います。そして、皆さんは、現在学んでおられる研究科を、自ら選んで入学してこられたのでありました。

　私たちの歩んできた過去を振り返ってみますと、二つの道への岐路に立たされ、どちらの道を選択するべきかの決断に迫られたことが幾度かありました。そ

のようなとき、ご両親・先生方・友人など、心から信頼する方々に思いを打明け、アドバイスを受けましても、究極的に決断しなければならないのは、自分自身であることを知らされます。

　人生の選択を何に基づいて行うべきかについて、純粋な思いで真剣に追い求め、これが自分に天から与えられた道であると示されて選んだ進路には、たといその途上において予期しなかった思いがけない試練に遭遇することがありましても、その度に、選択した当初の純粋な思いに立ち返ることによって、やはり、この道を選んで良かった、間違いなかったのだとの思いにもどることができます。そして再び前進する力が与えられるのであります。人生の選択の基盤を、純粋な魂の学生時代において見いだすことが、今の皆さんにとって、最も重要な課題であると思います。私が大学生になってから、人生の選択について真剣に考える動機となった体験をお話したいと思います。

1-1 ●学生時代の体験

　1961年4月、きびしかった受験生活に終わりを告げ、私は溢れるばかりの喜びと希望を胸にして、長野の郷里より、仙台に新天地を求めて参りました。初めて親元を離れての大学生活ということであり、目の前に無限に広がるような前途を示され、仙台での新しい生活が始まりました。大学に学ぶことを許された若き日の思索と体験は、今日までの私の人生の歩みに対して、どれほど大きな影響をおよぼしてきたでしょうか。当時の仙台は、人口はまだ約40万人で、杜の都と称されるにふさわしい、清らかな美しい学都でした。学寮生活が私の根城でありましたが、それを中心として、いろいろな新しい経験に恵まれました。八木山の日就寮は当時、現在のような鉄筋コンクリート造りの近代的な施設ではなく、旧仙台工専時代からのきわめて古い木造の質素な建物で、夏は付近の雑木林から蚊の襲来にあい、冬は破れたガラス窓から雪が舞い込み寒風が吹きすさむなど、不自由を強いられる面もありましたが、下級生から上級生まで温かい家族のような気持ちが通い合い、寮生たちは愛寮の精神で一致しておりました。生まれてはじめて故郷を離れ、しかも心から希望していた仙台での大学生活は、一日一日が新

しく、見るもの聞くものすべてが初めての体験の連続する日々でありました。寮生活での苦楽をともにする友の中に、人生の目的や真実な生き方を求め合う生涯の友を見出したのも、この時代でありました。

しかし、当時はまた、国の内外における政治・社会の問題に対する学生たちの意識が高く、学生運動が盛んに行われていた時代でありました。日米安全保障条約が、全国的な反対運動の末に批准された年の翌年で、その余波が続いておりました。大学生活が始まって間もない頃、寮で生活する学生の多くは、このような活動に積極的に参加しました。誰もが正義感に燃え、先輩たちのスローガンに共鳴して討論会やデモ行進に参加し、夜を徹しての議論に加わりました。大学に来ましても授業はほとんど行われず、本分である学業から離れた生活が2か月も続きました。私はそれまで正義と平和を求め、二度と戦争の過ちを繰り返してはいけないとの素朴な強い願いを持っていました。それゆえ、社会的正義に生き、真の平和国家を建設するためには、正義と平和を求める者同士が手を携えて、全社会的活動を行う以外に道がないという学生運動のリーダーたちの主張は、具体的で明白な回答を与えてくれるように思えました。私は、自己の内面の要求に心を向けることを忘れて、単に正義感のみに駆り立てられて、学生運動にさらに身を投ずるべく乗りだそうとしておりました。

1-2 ●人生の選択に向き合うに至った動機

このように過ごすうちに、夏休みに入り一息ついたときに、ふと、「これでよいのか」、と思うようになりました。あのように希望していた大学に入学した私が、大学生としての勉強は全然せずに、毎日、学生運動に参加してきたことを顧みて、何か心の虚ろな状態にある自分を知らされました。そのようなときに、ある先輩が私の部屋に来て、これを読んでみないかと、夏休みに開かれた全国キリスト者学生セミナーに参加し、その時に用いられた「人生の選択」[1]という印刷物を貸してくれました。それは、戦後、東京大学の総長を務められた矢内原忠雄先生が、東大の新入生に対して述べられた講演録でした。矢内原先生は、キリスト者であられ、戦時中、言論弾圧の時代に、「国家の理想」という戦争に反対する論

文を発表されたため、東京大学を追われ在野の人となり、自宅を開放され、若き人々に聖書講義を続けられました。戦後、再び東大に召還され、新日本の平和と民主主義の礎となられたことを、後日学びました。私は先輩に薦められ、「人生の選択」を読みました。「人生は何を目的として生きるのか、人生は何を求めて生きるかということを考えないと、たましいの空虚さはどうしても満たされないのです。自分の人生を何に捧げるか、つまり、どのような人生を選ぶかという目的を設定して、そのために努力することによって、初めて人生は満たされる。人間とはそういう風にできているのです」。「真の自由とは何か。神以外の全てのものから束縛されていないということが、人間の自由なのです。思わしくない状況、心や身体や社会の状況から絶えず脅かされて、心に平安を持ち得ぬということが不自由なのであって、こういう状態から解放されることが自由と言えます」。「神をあるとして、つまり、大宇宙を創造され、人間を創り、導き、守り、心に希望と平安を与えてくれるところの神が〈ある〉という人生を選ぶか、そんなものは〈ない〉という人生を選ぶか、という二つの道が分かれます。人生を意味あるものに造り上げていこう、どういうことが起こってきても、それを使命として生涯を送ろう、という〈神あり〉と信ずる人生と、〈神なし〉とする人生、そのどちらを選ぶかに、意思の決定があるのであります」。

「人生の選択」に述べられていたこのような言葉に接し、私は学生の本分としての学業に立ち返るべき思いに駆られました。それまでは正義感のゆえに学生運動にとらわれ、集会やデモに熱心に参加していた学生でありました。正しいことをしていると思っていても、何かしら心の虚しさ、空虚さが残りました。

そして、自分の主体性がなかったことに気がつきました。人生の目的は何か、について述べられた矢内原先生の言葉を学び、本分である勉学の生活に返るべきであるという心情に立ち返りました。折しも、夏休みの到来によって帰省することになり、学生運動から遠のいていったのです。大学に入学して間もなく体験したこのような出来事が、「人生の選択」に真剣に向き合う動機となりました。

2…ライフワークの選択と恩師との出会い

2-1 ●所属学科の選択に際して

　工学部の学生であった私は、二年次に進級する際に、所属学科を選択しなければなりませんでした。10数学科もある中から、自分の所属学科を選択することは、大学に入学して以来、最初の人生の選択でありました。黒川利雄総長の入学式の式辞から、大学の使命は、

「真理の探究 と 真理の継承
　を通じて
　世界の平和 と 人類の福祉
　に貢献することである」

と胸に刻まれておりました。医学部教授であられた黒川先生は、「ヒューマニズムを求めて生きること」を、お医者さんらしい愛のこもれる温かい言葉で、新入生を迎えられたことを今も忘れません。

　一年次では、短い期間でありましたが、学生運動を体験し、寮の友人たちと社会改革についての理想を、時には、夜を徹して語り合いました。その中で得たものは、正義と平和を求めて行くこと、本心から戦争に反対し、二度と戦争の過ちを繰り返してはならないという信条でありました。それゆえ、戦争の兵器を製造する軍事工学（Military engineering）に関わる学科には行かないことを、堅く心に決めておりました。

　その頃、内村鑑三著「後世への最大遺物」[2] を読みました。この書は、1894年（明治27年）夏、当時の青年たちに対して語られた講演録でありますが、「我々は後世に何を遺してゆけるのか」について、長い年月を超えて今日まで、真実を慕い求めて生きる人々に、勇気と励ましを与え続けてきた書であります。その要旨は、次のようであります。「我々は、五十年の生命を託した此の美しい

地球、此の美しい国、此の我々を育ててくれた山や河、我々は之に何も遺さないで死んでしまいたくない。何かこの世に記念物を遺してゆきたい。それならば、我々は何を此の世に遺して逝こうか。金か、事業か、思想か、これらは何れも遺すに価値あるものである。しかしこれは、如何なる人にも遺すことのできるものではない。また、これは本当の最大なる遺物ではない。それならば如何なる人にも遺すことのできる本当の最大遺物とは何であるか。それは、勇ましい高尚な生涯である」。さらに、この書の中に、

「他の人の行くことを嫌うところに行け、他の人の嫌がることを為せ」。
（メリー・ライオン女史）

「わが愛する友よ，われわれが死ぬときには，われわれがこの世に生まれてきたときより，世の中を少しなりとも善くして往こうではないか」。
（天文学者ハーシェルの若き時代の言葉）

の言葉を見いだし、進路選択にあたって強い励ましを受けました。それで私は、躊躇することなく、土木工学（Civil engineering）を選び、人々のためになる公益的な仕事に携わろうと決意しました。今思えば、実に単純な考えによる人生の選択でありましたが、今日までの歩みにおきまして、数々の困難や試練に遭い、悩むことがありましても、その都度、「人々のために」の原点に立ち返りますと、やはりこの道を選択して良かった、間違いはなかったとの確信に導かれるのであります。

2-2 ●ライフワークの選択

三年次では、どのような研究室で卒業論文の研究を行うべきかの選択に迫られました。私は思い切って、寮の近くに住んでおられた松本順一郎教授のご自宅を訪問し、ご意見をおうかがいしました。先生は土木工学科で、衛生工学（今日では環境衛生工学）を教えておられ、クリスチャンでした。当時のわが国は、戦後

の急激な経済高度成長政策の結果として、河川・湖沼・海域の水質汚濁、大気汚染、騒音、土壌汚染など、環境汚染問題は全国的に深刻な状態でした。仙台市は、当時、下水道が未完成で、広瀬川には市街地からの汚水が音をたてて流れ込んでおり、鮎やカジカガエルなどはとても生息できないドブ川のような汚い川でありました。仙台市民に愛唱されている佐藤宗幸作曲の「青葉城恋歌」は、広瀬川幹線下水道の建設によって、広瀬川の清流が復活した後に生まれたものです。

水俣病、イタイイタイ病、米糠油（かねみゆ）症などの公害病で、人々の生命・生活が危険にさらされ、犠牲になられた方々が多くおられました。一刻も早い環境汚染防止対策が要請されていた時でありました。先生は、わが国では、環境汚染防止対策や環境浄化に関する研究が、ことに急務とされていること、そのためには、土木工学の専門の学問以外に、他学部・他学科の微生物学、生物化学、化学、化学工学などの分野の勉強も必要であると話されました。土木工学と言えば、鉄鋼・コンクリート・岩石・土壌等の無機物を材料にする社会基盤施設の学問と思っておりましたが、微生物の働きを用いて、環境浄化や廃棄物処理に応用する衛生工学という研究分野があり、日本では、未だ始まったばかりの段階であることを初めて知り驚きました。そして、強い興味が示されました。

2011年3月11日に突如として襲来した東日本大震災・大津波さらに東京電力福島第一原子力発電所事故に対して、大学時代に、恩師から与えていただいたライフワークを生かすべく、復興活動に参加いたしております。これにつきましては、後半で述べます。

2-3 ●人々のために

これまで述べましたように、学生時代、私の人生の選択の根本となりました信条は、ただ単純に、「人々のために」、でありました。私たちが携わる社会での仕事や大学での研究は、すべて、人々の福祉と安寧につながるものであります。私たちは、日常行う仕事や研究そのものを通じて、未だ見知ることのない同胞の人々に、私たちの愛を尽くすことができるのであります。大学で研究に従事する私たちは、作成する研究論文の一行一行を通じて、人々の福祉と安寧のために貢

献できるのであります。私たちの仕事や研究は、人類愛のための仕事そして研究なのであります。このことは大きな喜びです。この思いを抱いて、仕事や研究に従事するときに、真の生きがいが与えられます。定年退職し、新たに出発した今も、学生時代に示された、「人々のために」、の思いは変わりません。

2-4 ●恩師との出会い

　松本順一郎先生は、大学の研究第一主義並びに門戸開放の学風をこよなく愛され、教育研究のモットーとされ、自ら実行されました。学生たちを分け隔てなく愛され、細身の小柄な先生でしたが、大海のように広く寛容で、しかも謙遜な優しいお人柄の先生でした。お若き時に米国に留学されたためでしょうか、ことにリベラルなお考えをお持ちで、研究に対する学生たちの自主性を尊重され、学生一人ひとりの有する良い点を引き出すという教育の原則を、先生から学びました。学生たちは、研究室を自分の家のように愛し、夜遅くまで研究室での時を安心して過ごすことができました。私たちの研究室では、修士課程（前期課程）修了後、そのまま博士課程（後期課程）まで進む学生が多くありました。当時はまだ大学全体でも、留学生は、ほとんど見られないほど少なかった時代でありましたが、他の研究室と比較して、私たちの研究室には、目立って多かったと思います。

　松本先生は、毎週、木曜日の昼休みに教授室で、学生たちと聖書研究会を開いておられ、私も聖書を購入し出席するようになりました。長野の実家では仏教の教えの中に育ちましたが、先生とお会いして、先生のご人格の背後にあるキリスト信仰を学びたいとの思いに導かれました。聖書研究会だけでなく、先生が当時、西公園近くの質素な6畳の家を借りられ、先生が中心となって数名の学生たちとともに行われていた日曜日の聖日礼拝にも出席するようになりました。

　このように、私の環境衛生工学のライフワークとキリスト教の信仰は、学部4年生の卒業論文の研究室に入門し、恩師との出会いにより始まりました。その当時、心に刻まれた聖書の言葉は、「あなたの若い日にあなたの造り主を覚えよ（伝道の書12章1節〔3〕）でありました。学生時代という魂の純粋な時代でありましたからこそ、初めて人類の書である聖書を手にし、尊敬する先生を通じて、神

の言葉を素直に受け入れ、新しい世界に一歩を踏み出すことができたのだと思います。

3…いのちの尊厳について

いのちは、神によって創られたものであります。それゆえ、私たち一人ひとりのいのちは、宇宙間ただ一人しかない存在であります。いのちこそ、無限の尊厳を受けなければならないのです。

3-1 ●いのちの尊厳を考える会（略称いのちの会）

　1970年ごろに、わが国に公的予防接種の事故による被害者が多くいることが社会問題となり、被害者数は数千人に上っていましたが、大多数は泣き寝入りするほかありませんでした。予防接種事故によって尊いいのちを失い、あるいは重い障害を一生負われた人々のために、本学理学部で教鞭を執っておられた吉原賢二教授（当時）はじめ、お子様が思いもよらない予防接種事故に遭われたご家族の方々は、社会正義の立場から、20余年にわたって、ワクチン禍訴訟に起ち上がられ、献身的な働きを捧げられました。その結果、国は責任を認め、法律は二度も変えられ、法律による強制接種は緩和されることになり、わが国の歴史における重大な使命が果たされました。以来、予防接種事故の犠牲になられる人は目立って減り、如何に多くの幼い子供たちの尊い命が救われるに至りましたか知れません。「いのちの会」は、予防接種事故で犠牲になられた家族の方々が中心となり、吉原名誉教授が会長となられ、2016年5月まで20年間の活動を行いました。「いのちの尊厳とは何か」にたいして、抽象的にではなく、具体的な活動を通じて、答えを用意することが必要とされます。たとえば、自暴自棄におちいった若者に、「いのちの尊厳」を、身をもって示し愛の手を伸べてあげることでした。

　ここに、予防接種事故に遭い、重度心身障害者として36年8カ月の生涯を、力いっぱい生き抜いた吉原充（みつる）君をご紹介し、いのちの尊厳について考えたいと

図1. 笑顔によって周囲の人たちを励まし続けた吉原充君——ご両親と

思います。充君は、吉原教授の二男で、一歳一か月のとき、当時、大流行していたインフルエンザを予防するために、ワクチンの集団接種が進められており、予防接種といえば大きな効果があると信じて受けたことによって、吉原家は一夜にして、想像を絶する充君の予防接種事故に投げ込まれることになりました [4]。以来、重度の心身障害を負われる身となった充君とともに、ご一家は、如何に苦難の道を歩むことになりましたか知れません。人一倍大きく生まれ、すくすくと健やかに育った充君は、突如として重度心身障害児となり、歩行も何もできない一歳児のままとなりましたが、ご一家の中心は常に充君であり、36年8か月の間、すべての愛と力を充君の看護と愛育に注がれました。兄の康さんは、幼い時から弟充君とともに育ち、幼い子供の病気を治す人になりたいと、小児科の医師になりました。充君は、ご両親はじめ周囲の人々の愛に、いつも明るい笑顔で応えました（図1）。その笑顔によって、周囲の誰もが励まされました。私もその一人です。充君の中の「いのち」が喜びを放ち、喜びの中にいのちがこもり、笑顔に「いのちの尊厳」が顕われていました。それゆえに、充君の明るい笑顔に接した時に、私たちがはっとしたのだと思います。

先ほど、如何なる人にも遺すことのできる後世への最大遺物は、勇ましい高尚な生涯であることを学びました。充君は、笑顔によって周囲の人たちを励まし、力づけた36年8か月の生涯を、後世への最大遺物として遺されたのであります。

3-2 ● 「いのちの像」と日野原重明先生

いのちの会の活動により、1997年5月、仙台市太白区向山の宮城県児童公園に、「いのちの像」が建てられました（図2）。「いのちの像」は、子供たちのいのち

図2. いのちの像　　　　　　　　　　　図3. いのちの像の前でお話
　　　　　　　　　　　　　　　　　　　　　される日野原重明先生

が傷つけられないように、また、子供たちが健やかに成長するように願い、本来侵されてはならない人間のいのちの尊厳について考え、広く社会に訴え、また、これを後世に伝えることを目的としたものであります。ドイツのイングリット・バウムゲルトナー女史によって製作され、この生き生きとした逞しい子供の像の前に立ちますと、どこからともなく「野ばら」の美しいメロデイーが奏でられ、敬虔な思いに満たされます。

　聖路加国際病院名誉理事長日野原重明先生は、2010年5月、99歳のお歳を前に、いのちの会を訪れて下さいました（図3）。私たちの活動を激励してくださり、いのちの像の前で、以下のお話をなさいました。

　「私の今やっていることはね、子供に、いのちの大切さを教えることです。子供に教えることによって、大人がその影響を受けるためです」[5, 6]。4年前から、一週間か10日に一度、全国あるいは外国の小学校に行って、45分のいのちの授業を、10歳の子供を中心にやってきました。もう百数十回、外国ではモンゴルに行って、いのちの授業を通訳付きでやってきました。いのちの大切なことを子供の時から感じさせることです。皆さんの持っている目には見えないいのち、時間というものも目には見えない、最も大切なものは、目に見えないものです。いのちは持っているけれど目には見えない。酸素はさわることができない、時間もさわることができない。でも、今の時間は、自分が持っているものなのだから、

それがいのちである。という小学校への教育をやって、いじめの問題がないこと、人を救すことが争いのないことなのですから、子供の時から救しの気持ちをもって平和を望む。今、憲法九条が改悪されて、自衛隊が自衛軍になろうとする時期でありますので、そういうことが絶対に起こらないように。いのちには国籍がない、そういう意味で、いのちの教育を小学生にずっとやっています。このいのちの像は、そのシンボルです。純真な気持ちを持っている子供をみて、大人が、これでは良くないと奮い立つような運動をやっております」。

4…人を生かすものは愛である

　わが国では、年間、2万人以上の人たちが、悩みや苦しみのために、自らの命を絶つという傷ましい出来事が起こっています。近年、我が工学研究科でも学生自らが命を絶つという極めて悲しい出来事がありました。私たちとこの学園で学びをともにしてきた前途有為な、かけがえのない一人の友の命が失われましたことは、どんなに惜しんでも惜しみきることはできません。

　いのちの尊厳を考えるとき、このような事は決してあってはならないと誰もが思います。私たちが人生に絶望するような試練に遭遇するとき、あるいは、私たちの周囲にある友が、そのような状態にあるとき、友としてどのように対処してあげるべきでしょうか。

　私たちは、この世に生を受けて今日まで、両親はじめ多くの人々から、有形無形の限りない愛を受けて、生きてくることができました。それは、私たちが求めなくても、私たちに一方的に与えられた愛でありました。私たちは、どんなときにも決して独りではなく、常に、誰かから愛され支えられて、生きてくることができたのではないでしょうか。

　それゆえ、近くにいる悩み苦しみの中にある人、病の床にある人、私たちの助けを必要としている友のところに駆け寄って、私たちの受けている愛を分かちあいたいと思います。私たちはいつも、喜ぶ者とともに喜び、泣く者とともに泣く（ローマ人への手紙12章15節〔3〕）者でありたいと思います。

私たちの心が、たといどん底に落ち込み、絶望の淵にあるときにも、今、この時、「自分は一人ではない、自分を愛してくれている人がいるのだ」、と思う時、心に一条の光が差し込み、しだいに心全体が明るくなり、温められ、徐々に起ちあがる力が与えられるのであります。ですから、悩み苦しみの中にある友がいることを知った時、皆さんの方から、ひと言でも、やさしい愛のこもる言葉をかけて上げてください。人のたましいの要求するものは愛であります。純粋無私の愛であります。どんなときにも、「人を生かすものは愛」であります。

　聖書に、「人がその友のために自分の命を捨てること、これよりも大きな愛はない（ヨハネによる福音書15章13節〔3〕）」とあります。父母の子に対する愛こそ、純粋無私の愛であります。皆さんがご両親のことを忘れているときにも、ご両親は、日夜、皆さんのことをひと時も忘れておられません。仙台での学生生活にある皆さんの健康と安寧を、心から祈っていて下さいます。もし、どうしようもなく行きづまり、周囲には誰も頼れる人がいない時には、皆さんの携帯電話で、ご両親のお声をひと声お聞きしてみてください。その瞬間に、ご両親の愛が皆さんの心に流れこみ、かならず起ち上がる力が与えられるに違いありません。「神は愛なり」といわれます。父母の愛は、神の愛に通ずる無限に深い愛であります。

5…東日本大震災・原発事故とメタン発酵実験

　2011年3月11日14時46分18秒、宮城県牡鹿半島の東南東沖130kmの海底を震源として発生した東北地方太平洋沖地震は、日本における観測史上最大のマグニチュード（Mw）9.0を記録し、震源域は岩手県沖から茨城県沖までの南北約500km、東西約200kmの広範囲に及びました。この地震により、場所によっては波高10m以上、最大遡上高40.5mにも上る大津波が発生し、東北地方と関東地方の太平洋沿岸部に壊滅的な被害をもたらしました。廃墟と化した被災地に立ち、あまりの悲惨さに涙以外の何物もありませんでした。加えて、東京電力福島第一原子力発電所が破壊され、大量の放射性物質が環境に放出する深刻な事態が生じ、祖先から継承された家屋敷に住むことができず、移住を余儀なくされた

方々、大切な農地は荒野と化し農業ができなくされた方々が非常に多くおられ、地元の皆様のお苦しみは計り知れません。

　政府・自治体をはじめ国をあげての救援・復旧活動が行われておりますが、被災された方々の悲しみと苦しみを、ご自分の悲しみ苦しみとして、全国から如何に多くの人々が救援のために駆けつけて下さいましたことでしょうか。ことに若き人々が、ひたむきに奉仕しておられる愛の姿に心打たれます。このような苦難の中で、温かい愛を受けられた被災地の皆様は、どんなに慰められ、励まされておられるか知れません。私も、被災地に在住する者として、ただ、ありがとうございますの思いで一杯であります。日本人は、なんと心の温かい優しい民族でしょうか。悲しみと苦しみの中にあられる同胞の傷みを、自分の傷みとして、愛のこもる働きを進んで行う素晴らしい民族でありますことを、強く知らされました。この大災害によりまして、かけがえのない幾多の尊い生命が犠牲になられましたことへの悲しみと悼みは尽きません。

　そして、この未曾有の大災害に直面して、何よりも、私たち日本国民の良心が呼び起こされました。2万人にも近い尊い生命のご犠牲が、決して無意義にされることの無い、新たな国造りと平和を、切に願って参りたく存じます。

　東日本大震災・原発事故に対し、東北大学で学んだ私のライフワークでありますバイオマスのメタン発酵技術によって、被災地にバイオガスエネルギーを供給し、少しでも被災地復興のために役立ちたく思い、NPO活動に参加しました。

5-1 ●霊山（りょうぜん）プロジェクト・バイオマスのメタン発酵実験 [7]

　図4は、福島県伊達市霊山町小国地区の位置を示しております。東京電力福島第一原子力発電所から直線距離で55km, 計画的避難地域以外では、もっとも放射線量が高い地域であり、農業はほとんど行われなくなり、図5のように、大きいもので体長1.5mもあるイノシシ、ハクビシン、猿などが増え、横行するようになりました。

　さらに、近隣の飯館村はじめ第一原発のある双葉町・大熊町周辺の地域は、至るところに、　図6に示されるように、放射性物質を含む除染物の入った真っ黒

図4. 福島県伊達市霊山町小国地区の位置

図5. イノシシなどが横行する荒地

図6. 放射性物質の除染物フレコンバック

なフレコンバックが、うず高く積み上げられ、目をあてることもできない惨状です。とても農業を再開できる状態ではありません。東北地方沿岸地帯の津波被災地では、年々、復興が進み、宅地造成や住宅建設、新しい街づくりが行われておりますのに、一方、原発被災地では、放射性物質の存在のゆえに、復興は未だ遅々としたものです。

　この地に、若者や子供たちの姿が見られなくなりましたことは、将来を憂いて余りあることであります。しかし、年輩の方々は、このままではいけない、子々孫々のために、何とかして再起の道を見いださなくてはと、真剣に活路を求めて

図7. 霊山プロジェクト施設　　　　　図8. メタン発酵槽とバイオガス貯留槽

起ち上がられたのです。

　NPO法人再生可能エネルギー推進協会は、福島原発事故による放射性物質の被害に遭われ、傷み苦しみの中にある人々に、少しでもお役に立ちたいとの願いで、霊山プロジェクトを立ち上げ、私も会員として参加しております。

　2012年8月に、すべて手造りのメタン発酵実験装置を、伊達市霊山町下小国地区、現地代表大沼豊氏自宅の敷地内に設置して、放射性物質の濃度の高い廃棄農産物（当地特産のあんぽ柿など）、家庭生ごみの他に、除染作業などで発生した道路脇の雑草などを材料にして、メタン発酵によるエネルギー生産の実験が開始されました。図7は霊山プロジェクトメタン発酵施設、図8はメタン発酵槽とバイオガス貯留槽を示したものであります。実験装置は、地元の遊休資材であるコンクリートU字溝等の土木資材などを有効利用し、ホームセンターで入手可能な材料を用いたきわめて安価なメタン発酵装置であります。すべて、現地代表の大沼豊氏とNPO理事長（当時）の佐藤茂夫日本工業大学教授が、手造りで製作されたものです。

5-2 ●あんぽ柿のメタン発酵

　毎日のメタン発酵装置の維持管理は、大沼氏の奮闘努力によって行われております。2012年夏以来、気温が高かったため冬季の前まで、加温なしでメタン発酵を順調に行うことができました。バイオガスの生成は良好で、図9のような当地名産のあんぽ柿3個の投入により生産されるバイオガスによって、お米一升が

図9. メタン発酵の主な材料のあんぽ柿

図10. バイオガス発電による点灯

美味しく炊け、図10に示されるように、小型発電機によって200W電球が明々と灯りましたとき、大きな驚きと喜びで、周りにいた人たちから、思わず歓声が上がりました。

　放射性物質で汚染され、廃棄する以外にないあんぽ柿は、柿畑にうず高く積まれていましたが、メタン発酵によって、エネルギーとして有用なバイオガスが生産できることを、つぶさに体験された現地の方々の驚きと喜びは、ことに大きなものでした。放射性物質で汚染された道路わきのヨモギ、クズ等の雑草を細断して用いたメタン発酵実験でも、良好なバイオガス生産が得られました。

　また、メタン発酵による放射性物質の除去機能についても測定しておりますが、7月の幼果期の放射性セシウムの含有量が基準 10Bq/kg [8] を超すため廃棄されたあんぽ柿を使った実験では、以下のように、排出される消化液中の放射性セシウム濃度は、農地還元に関する許容値 [9] に対して十分に低く、液肥としての農地還元が十分可能な結果が得られました。

メタン発酵槽の放射性物質濃縮機能
　　投入あんぽ柿：35Bq/kg
　　消化液の上澄液：　　　　　　　残渣：
　　　Cs134:　8.23 Bq/kg　　　　　Cs134:　24.9 Bq/kg
　　　Cs137:　16.3 Bq/kg　　　　　Cs137:　43.8 Bq/kg
　　　　　　（参考：肥料・土壌改良剤・培土及び飼料の暫定許容値：400Bq/kg [9]）

5-3 ●資源作物デントコーンのメタン発酵

　ドイツでは、国策として減反政策による休耕地に、エネルギー資源作物デントコーン(とうもろこし)を大規模に栽培し、メタン発酵によるバイオガス生産を行い電力に転換し、国民の重要なエネルギー源とすることに成功しています。原発被災地の霊山において、わが国で初めて実施する機運が高まり、幸いにも、2013年度に開始された復興庁の「新しい東北先導事業」の採択に恵まれました。図11はデントコーンの生育状況(2014年7月)で、播種後、数ヵ月で非常に勢いよく生育し、原発被災地でもドイツのように、エネルギー資源作物として十分に有望であることが実証されました。フレコンバックで嫌気的に乳酸発酵し、サイレージ(乳酸発酵化物)に転化すると、メタン発酵は順調に行われ、大量のバイオガスが生産され、冬季の温室加温燃料に利用されました。

　なお、デントコーンを栽培した農地の放射性物質濃度は、かなり高いにも関わらず、実と茎の部位ではかなり低い値となっており、資源作物として利用する上での安全性には、問題の無いことが分かりました。

　ドイツで盛んに行われている、デントコーンのメタン発酵によるエネルギーの生産は、わが国においても、特に、農業のできなくなった福島原発被災地において実施し、原発に代わる再生可能エネルギー源として大いに有望なことを、霊山プロジェクトのメタン発酵実験によって実証することができました。

図11. デントコーンの生育状況

図12. バイオガスによる暖房設備

伊達市では、ビニールハウスを使ってイチゴ、キュウリ、春菊などを栽培していますが、冬季の暖房燃料には木材以外に、重油や灯油が使われており、地球温暖化やコストの面から課題があります。本事業では、図12に示すように、ビニールハウスの外側に、メタン発酵からのバイオガスによるガス燃焼装置を設置し、イチゴ苗の栽培を保温しました。ビニール内の温度は15℃程度でよいので、燃料ガスはごく少量で足り、無人で燃焼しても安全であることが確認できました。

5-4 ●メタン発酵寺子屋教室の開設

　霊山プロジェクトにおける私の主な役割は、現地の農家の方々に、メタン発酵の原理やその利用事例をやさしく解説し、メタン発酵への関心を一層高めていただくことであり、そのために、地元の公民館を会場として、メタン発酵寺子屋教室を開設しました。
　「メタン発酵の理論から応用実例まで」の勉強会を行い、被災地の皆様の置かれた状況と心情をともにさせていただき、どんな素人の方でも、子供たちにも理解できるように、できるかぎり分かり易く、親しみ易い話に努めました。毎回、予想以上に多くの農家の方々が、寺子屋教室にお集まり下さり、長時間の話を熱心にお聴き下さり、率直な質問や感想を寄せて下さいました。寺子屋教室は、被災地の皆様との心の交流と励まし合いの場になりました。
　本プロジェクトによってもたらされた最も大きな恩恵は、メタン発酵の成功によって、それまで、焼却処分し貯蔵以外に方策がなく、無価値となった放射能汚染農業生産物から、有価物のバイオガスと液肥の生産が実証されたことです。このことにより、伊達市霊山の原発被災地の皆様に、復興への希望と励ましが与えられました。そして、一時、農業への意欲を失われた年配の方々に、もとのように農業を再開したいとの願いが高まってきました。まず、除染した畑に、ブランド種「青山在来」の大豆の栽培に成功し、引き続いてこの地の特産となるイチジク等の果樹や農作物を栽培され、主婦の方々の手造りのジャム等を、近くに開業された道の駅「伊達の郷りょうぜん」での販売に取り組まれるようになりました。

手造りのメタン発酵装置によるバイオマスのメタン発酵実験の情報は、多くの人々に伝えられ、近隣から、全国から多くの見学者を迎えるようになりました。小学生から、中高、大学生まで、そして、畜産農家で自家用の手造りのメタン発酵装置を造り燃料と液肥を生み出したい、との多くの熱心な方々が、大沼氏の実験装置の見学に訪れました。ある小学生は、メタン発酵の働きに驚きと興味をいだき、夏休みの自由研究に、ペットボトルでメタン発酵実験を行い、生ごみなどの身近なバイオマスを用いてのバイオガス発生や、水田土壌からのメタンガスの発生に成功したとの嬉しい知らせを聞きました。

　霊山プロジェクトの活動に対して、2016年3月、一般社団法人レジリエンスジャパン推進協会より、第2回ジャパン・レジリエンス・アワード（日本強靱化大賞）が贈られました。

6…福島第一原子力発電所事故現場を見学して

　原発の被災を受けた霊山の農家の方々は、その災害の根源である原子力発電所事故現場を、一度は視察したいとの強い願いをお持ちでした。その願いが東京電力ホールデングス株式会社福島第一廃炉推進センターに受け入れられ、2017年10月27日に、霊山プロジェクトに参加する私たちも共に、事故現場の見学が許可されました。これまで、海側からの光景しか公開されておらず、内部から見るのは初めてでした。原発事故と復旧対策の場内の現状について、長時間の詳細な説明後、バスの中から広大な敷地内全体を見学しました。放射性物質の飛散を抑制し、降雨による地下浸透を防ぐため、敷地の大部分はコンクリート舗装（フェーシング）されていました。電源喪失のため原子炉を冷却できず燃料が溶け、大量の水素が発生し水素爆発を起こし、巨大な量の放射性物質を放出した1号、2号、3号機のすぐ近くまでバスで案内され（図13）[10]、今なお残れる事故後の光景を見て回り、強い衝撃を受けました。バスの中でも、私たちが装着した線量計は、原子炉建屋に近づくと線量が急に増大しました。水処理によって放射性セシウム類は除去されても、トリチウムが残存するために、まだ海には放流できない100

図13. 福島第一原子力発電所1号機　　図14. 汚染水貯留タンク群

万トンの汚染水を貯留する1,000基近い巨大な円筒形タンク群が、敷地内一杯に立ちならぶ光景は圧倒的なものでした（図14）[10]、さらに山側からの地下水が、原子炉建屋に流れ込んで高濃度汚染水が増えるのを抑えるために、1～4号機の周りを、深さ約30m、全長約1,500mの凍土壁で地下水を遮断する大工事が行われておりました(年間の電力料は10数億円)。様々な巨大クレーンが作業を続け、事故前の発電所施設より、何倍も大規模な廃炉工事のための施設の建設が行われておりました。原発事故現場の惨状をこの目で初めて見、太平洋戦争で壊滅した都市の有様と同様な場所が、今もここに存在しているのではないかと恐れを抱きました。毎日5,600人の方々が真剣に廃炉作業に当たっておられ、その大半は、20～40代の前途有為な若き人々であります。かくも非生産的な廃炉作業および燃料デブリ（溶け落ちた核燃料）の取り出しと貯蔵には、これから30～40年の果てしない深刻な作業が続くとのことを聞き、さらに衝撃を受けました。

　福島第一原子力発電所の所在する大熊町・双葉町は、事故前は美しい豊かな農村地帯でしたが、国道6号線沿いの風景は、手のつけられない雑草・雑木林が生い茂り、人家は倒壊し、73年前の戦争後のわが国の荒廃した有様を思いだしました。原発事故現場の実情をまのあたりに見て、戦争によって壊滅した地と同様な地が、またもや出現したことを知り、とうてい文化・平和国家とは言えないことを痛感しました。わが国は、世界に先駆けて、原発を廃止して行くべきであるとの思いが強く迫りました。そして、思いもよらなかった被災に遭われた現地の皆様のお苦しみの深さを、あらためて強く知らされました。

最後に、原発事故現場を見学して、非常に心打たれたことがあります。後日、一年間廃炉工事に携わってこられた方からお聞きしたのですが、廃炉作業に携わっておられる5,600人もの若き人々の大部分は、自分たちの手で、この未曾有の大事故を、何とかして解決しなければならないという強い使命感に燃えておられるとのことです。あのひたむきに作業にあたられる皆さんの姿に心打たれました。さすが、わが国には、かくも頼もしい力強い若き人々がおられることに、深い感動と励ましが与えられます。このような若き人々がおられるかぎり、やがて、廃炉工事の完成する日が、必ず来るに違いないと確信しました。

7…おわりに

　大学院は、学部で修得した学問を基礎に、学生自らが真理探究を行うための道場であります。　我々の大学はもとより全ての大学には、真理探究に導いて下さいます素晴らしい先生方がおられます。皆さんは、大学院における講義・研究を通じて、学問の奥深さ・素晴らしさを知るとともに、真理探究の真の喜びを経験されるでしょう。

　また、若き純粋な魂の学生時代において、人生の目的と真の生きがいを見いだしていただきたいと思います。それは、将来、皆さん自らが、人生を選択し、進路における困難を乗り越えて、勇ましく前進するための礎となるのであります。皆さんこそ、21世紀の世界の平和と人類の福祉に貢献する担い手であります。

練習問題

1. 大学院を修了後、どのような考えに基づいて、次の進路の選択にあたりますか。
2. 東日本大震災・原発事故からの復興にあたって、これまでの日本をふり返り、新たな国造りのために、東日本のみならず、日本全体が、どのような国を目

指すべきか、日本国民としてどのような生き方を目指すべきか、についての抱負を述べて下さい。

参考文献

[1] 矢内原忠雄『人生の選択』、大学セミナー・ハウス、1963年
[2] 内村鑑三『後世への最大遺物』、岩波文庫、東京、2004年
[3] 『聖書』日本聖書協会、東京、1954年
[4] 吉原賢二・くに子『この命は人の光――吉原充の生涯』、キリスト教図書出版社、埼玉、2000年
[5] 日野原重明『いのちのおはなし』講談社、東京、2007年
[6] 日野原重明『生きてるだけで100点満点―― 99歳のぼくから君たちへ』ダイヤモンド社、東京、2010年
[7] 野池達也「論説　震災・原発被災地の復興に貢献するメタン発酵」、バイガス事業推進協議会平成26年度会報、2015年
[8] 福島県食品衛生課「あんぽ柿の加工再会に向けた取り組みについて」、インターネット資料、2013、www.pref.fukushima.lg.jp/uploaded/attachment/73901.pdf
[9] 農林水産省消費・安全局長他「放射性セシウムを含む肥料・土壌改良剤・培土及び資料の暫定許容値」、インターネット資料、2011年、www.maff.go.j/j/syouan/soumu/saigai/shizai.html
[10] 東京電力ホールデングス株式会社、「福島第一原子力発電所は、今～あの日から、明日へ～」、DVD、ver. 2017

あとがき

浅井 篤

　まえがきにもあるように、本書のもとになった東北大学大学院工学研究科の授業「生命倫理」は2006年から始まっていますが、私が所属する東北大学大学院医学系研究科・医療倫理学分野は2014年4月から仙台の地で活動を開始しました。はじめの半年近くは前任地と東北大学での仕事が掛け持ち状態になり、毎週のように仙台と熊本を往復する生活の中で、東北大学ではじめて担当した授業が工学研究科の「生命倫理」での講義でした。青葉山にあるキャンパスで多くの大学院生さんたちに向かって医療現場の倫理に関わる話をして、質疑応答を行ったことを鮮明に覚えています。

　さて今回は医療倫理学分野の3名の教員が、最初の3つのテーマを担当しました。圓増・大北両氏は哲学・倫理学を背景とした研究者で、浅井は一般内科診療に携わりつつ医療倫理学を教育および研究しています。本書では医療倫理学領域の中でも主要トピックスである、生命の始まり、人生の最終段階を含む医療現場での多様な臨床倫理問題、そして公衆衛生に関わる倫理的課題を取り上げ、読者に語り掛けるような自由な姿勢で執筆しました。我々生命医療倫理領域研究者の論考が、少しでも皆さんの生命医療倫理に対する興味を高めることに貢献できればうれしく思います。

　本書の後半4つの論考は非常に強力です。これらの論考は読者に、人生の最終段階で様々な状態にある人々に対する思いやりのある眼差しの大切さ、科学と人間を峻別した上で人間性をとことん追求していく重要性、科学者が倫理観を確立し不正に対して決然たる態度を持ち続ける必要性、そして一個人の人生における恩師、書籍、信仰の掛け替えのなさを教えてくれるでしょう。通常の倫理学・生命医療倫理学の専門書にはない血の通ったメッセージが込められていますので、

必ずや読者の心に響くものと思いますし、人生の重大な選択を目前に控えている若い人々にも一つの方向性を示す内容になっています。
　様々な背景をもつ筆者の多様な論考を是非楽しんでください。

著者略歴

浅井 篤（あさい　あつし）
1988　藤田保健衛生大学医学部医学科卒業
1988　国立東京第二病院研修医
1990　国立東京第二病院総合診療部レジデント
1993　カリフォルニア大学サンフランシスコ校医学部医療倫理プログラム研究員
1995　京都大学医学部附属病院総合診療部助手
1998　モナッシュ大学生命倫理学センター客員研究員
2000　京都大学大学院医学研究科社会健康医学系専攻医療倫理学分野助教授
2005　熊本大学大学院医学薬学研究部生命倫理学分野教授
2014　東北大学大学院医学系研究科医療倫理学分野教授　現在に至る
学位
医学士（藤田保健衛生大学 1988 年）
生命倫理学修士（Master of Bioethics）（Monash 大学 1999 年）
医学博士（京都大学 1999 年）

圓増 文（えんぞう　あや）
2006　慶應義塾大学大学院文学研究科哲学・倫理学専攻後期博士課程　単位修得済み満期退学
2009　日本学術振興会特別研究員（PD）
2013　東京大学大学院人文社会系研究科死生学・応用倫理センター上廣死生学・応用倫理講座　特任研究員（常勤）
2015　東北大学大学院医学系研究科医療倫理学分野助教
学位　博士（哲学）慶應義塾大学（2013 年）

大北全俊（おおきた　たけとし）
2002　大阪大学大学院文学研究科博士課程後期臨床哲学専攻単位取得退学
2006　大阪大学大学院医学系研究科教務補佐員
2009　エイズ予防財団リサーチ・レジデント（国立病院機構大阪医療センター配属）
2010　大阪大学大学院文学研究科助教
2013　大阪大学大学院医学系研究科特任助教
2014　東北大学大学院医学系研究科助教
2017　東北大学大学院医学系研究科講師　現在に至る
学位　文学博士（大阪大学 2004 年）

庄子清典（しょうじ　きよのり）
1981　東北学院大学法学部法律学科卒業
1984　社会福祉法人青葉福祉会入社
1996　同上　特別養護老人ホームアルテイル青葉施設長　現在に至る
2007　社会福祉法人青葉福祉会理事長　現在に至る
2013　宮城県社会福祉法人経営者協議会会長　現在に至る
2016　仙台市老人福祉施設協議会会長　現在に至る
資格　介護支援専門員（2001 年）

沢田康次（さわだ　やすじ）
1960　　　東京大学工学部応用物理学科卒業
1962　　　東京大学大学院工学研究科電子工学専攻卒業
1966　　　ペンシルバニア大学物理学科博士課程修了 Ph.D
1966-1968　ペンシルバニア大学 Research Associate.
1968-1972　大阪大学理学部講師

1973-2001　東北大学電気通信研究所教授
1996-2001　東北大学電気通信研究所長
2001-2007　東北工業大学教授
2004-　　　公益財団法人国際高等研究所フェロー
2008-2013　東北工業大学学長
2014-　　　東北大学学際高等研究教育院シニアメンター

梶谷 剛（かじたに　つよし）
1975　東北大学大学院工学研究科博士課程退学、同年　学振奨励研究員
1976　イリノイ大学博士研究員
1978　アルゴンヌ国立研究所客員研究員
1980　東北大学金属材料研究所助手
1990　同所　助教授
1993　東北大学工学部応用物理学科教授
2012　定年退職、東北大学名誉教授
2019　東北大学多元物質科学研究所産学連携研究員　現在に至る
学位　工学博士（東北大学 1980 年）

野池達也（のいけ　たつや）
1970　東北大学大学院工学研究科博士課程科目修了、同年　東北大学工学部助手
1975　東北大学工学部土木工学科助教授
1983　建設省土木研究所下水道部三次処理研究室長
1986　東北大学工学部土木工学科教授
2003　東北大学評議員
2005　定年退職、東北大学名誉教授

2005　日本大学大学院総合科学研究科教授
2015　同大学院退職
学位　工学博士（東北大学 1975 年）

実践する科学の倫理　医の倫理、理工・AI の倫理

2018 年 9 月 20 日　初版第 1 刷発行

編著者＊梶谷剛・浅井篤
装　　幀＊後藤トシノブ
発行人＊松田健二
発行所＊株式会社社会評論社
　　　　東京都文京区本郷 2-3-10
　　　　tel.03-3814-3861/fax.03-3818-2808
　　　　http : //www.shahyo.com/
印刷・製本＊株式会社倉敷印刷

Printed in Japan

東北大総長 おやめください
研究不正と大学の私物化
- ●日野秀逸・大村泉
  高橋禮二郎・松井恵

A5判★1800円

世界で最も権威ある総合学術誌『ネイチャー』(Nature)が報じた井上総長の研究不正疑惑の全容を解明。独立法人後の大学のあり方を問う。

研究不正と国立大学法人化の影
東北大学再生への提言と前総長の罪
- ●松井恵・高橋禮二郎
  大村泉・日野秀逸

A5判★2000円

2004年の国立大学法人化によって、研究資金をめぐる大学間、個人間の競争が政策的に強化され、これが、研究不正発生の温床になった。大学運営における「ムラ」的体質の解明。

賢い医療消費者になるために
セルフヒーリング、セルフケア、セルフメディケーション
- ●一戸真子

A5判★2200円

ストレスに対処する能力や、サプリメントや薬を上手に活用し、自分の心身をできるだけ最高の状態に戻すための能力を身に付けるために必要と思われる知識や情報。

生と死 十八歳の証言
終末医療と安楽死をみつめる
- ●小野田襄二編著

四六判★2700円

介護する者、介護される者、それに関わる医師、看護師、ケアマネージャー等々がどんどん増えつつある今、終末医療と安楽死の問題は、正面から向き合って考えなければならない喫緊の課題である。

私たちの津久井やまゆり園事件
障害者とともに〈共生社会〉の明日へ
- ●堀利和編著

四六判★1800円

2016年7月26日早朝、相模原市の障害者施設で同所の元職員によって46人が殺傷された「津久井やまゆり園事件」が起こった。この衝撃的事件は私たち一人ひとりに何を突きつけたのか。

不登校とは何であったか？
心因性登校拒否、その社会病理化の論理
- ●藤井良彦

A5判★2600円

「不登校」現象とはあたかも心因性登校拒否が脱病理化されたかの如く錯覚することで現出する仮象に他ならず、「不登校」問題とはそうした仮象を現象と錯覚することにより生じる疑似問題である。

【増補改訂版】国策と犠牲
原爆、原発 そして現代医療のゆくえ
- ●山口研一郎編著

四六判★2700円

原子力兵器・原発、科学技術・先端医療をめぐる「国策」は私たちの生活（くらし）と生命（いのち）になにをもたらしたのか。その現状と問題性を照射するシンポジュウムの記録。

生きること、それがぼくの仕事
沖縄・暮らしのノート
- ●野本三吉

四六判★2000円

沖縄大学の教師として若者たちと向き合い、人と自然との関係を繋いでいる人びとの暮らしの現場を見つめ直し、ますます混迷し先の視えない不安が拡がっている、現代社会のあり方を問い直す評論集。

表示価格は税抜きです。